김재수의 농정農政 40년
위기에서 길을 찾다

이 도서의 국립중앙도서관 출판예정도서목록(CIP)은 서지정보유통지원시스템 홈페이지(http://seoji.nl.go.kr)와 국가자료종합목록 구축시스템(http://kolis−net.nl.go.kr)에서 이용하실 수 있습니다. (CIP제어번호 : CIP2019040324)

김재수의 농정農政 40년

위기에서
길을 찾다

김재수 지음

| 전 농림축산식품부 장관 |

도서
출판 프리뷰

\

농정 위기관리로 담금질한 공직 40년

지난 40년의 공직생활을 돌이켜보면 보람이 크지만 아쉽고 미흡했던 점 또한 적지 않다. 여러 분야의 업무에서 많은 성과를 거두었고, 성과 못지않게 많은 아쉬움이 남는다. 추억으로 남는 아름다운 순간들도 많다. 내가 겪은 많은 경험들을 단순히 한 개인의 과거사로 남겨두는 것은 내 삶은 물론이고 사회와 국가에 대한 도리가 아니라는 생각을 했다.

공직의 길이 늘 순탄치만은 않았다. 나의 공직생활은 한마디로 '파동과 위기'의 시간이었다. 농림부 시장과장으로 농안법농산물 유통 및 가격안정에 관한 법률 파동을 수습해야 했고, 국제협력과장으로 시장개방 이행계획서를 뜻하는 C/SCountry Schedule파동 수습에 나섰고, 농산물유통국장 때는 한중 마늘협상 파동을 수습하기 위해 정신없이 뛰어다녔다. 주미 한국대사관 농무관 시절에는 한미 간 쌀 협상, 광우병 소고기 파동, 한미 자유무역협정 마무리를 위해 동분서주했다. 실로 셀

수 없을 만큼 많은 일을 겪었다.

사건 하나하나 모두가 나라를 휘청거리게 만들고 정국을 요동치게 하는 큰 사건들이었다. 파동을 수습하는 과정에서 많은 사람들의 희생이 있었고 정치적인 부담도 많았다. 농업 분야의 수많은 파동과 위기를 겪으면서 느낀 점은 작은 파동이나 위기에 제대로 대처하지 못하면 국가를 위기로 몰고 간다는 사실이다. 특정한 한 정권의 위기는 그 정권이 바뀌면 해소될 수 있을지도 모른다. 하지만 국가적인 위기는 국민의 생존권을 위협한다. 자칫 나라가 무너질 수도 있다.

지금 우리 사회 곳곳을 둘러보면 어느 곳 하나 안심하고 한숨 돌릴 수 있는 분야가 없다. 사회나 국가 전체에 안전 불감증이 팽배하다. 개인들이 위기의식을 갖지 못하면 사회 전체에 파동을 불러올 수 있다. 그리고 그 파동을 제대로 처리하지 못하면 국가 위기로 연결된다. 내가 겪은 과거의 경험을 거울삼아 앞으로 닥칠지 모르는 국가 위기나 파국을 사전에 인지하여 효과적으로 대처하자는 취지에서 이 책을 쓰게 되었다.

내가 공직에 근무한 시기는 개방이라는 시대 상황이 세계적인 대세였고, 우리가 이를 수용하는 과정에서 불가피하게 많은 부문에서 희생이 요구되었다. 특히 그 파장의 중심에 농업 부문이 자리하고 있었다. 역사를 통해 격동의 시대를 관통하며 걸어온 우리 국민이 아닌가. 돌이켜 생각해 보면 농업 분야에서 겪은 수많은 파동과 위기가 큰 교훈이 된다. 더 현명하고 슬기롭게 대처했더라면 많은 희생이나 국민적 부담을 줄일 수 있었다는 아쉬움이 없을 수 없다.

위기에서 교훈 얻어야 선진국 간다

내가 현장에서 겪은 파동과 위기를 되돌아보고 교훈으로 삼는다면 앞으로 다가올 위기에 보다 효과적으로 대처할 수 있을 것으로 생각한다. 그렇게 해서 유사한 실패나 실수를 되풀이하지 않도록 해야 한다. 위기는 항상 다가온다. '피할 수 없으면 즐겨라.'는 식의 안이한 자세로 대처해서는 안 된다.

위기를 미리 예측하기 위해 노력하고, 피할 수 있으면 피해야 한다. 그리고 위기가 다가오더라도 그 피해를 최소화하기 위해 노력해야 한다. 아울러 유사한 피해가 반복되지 않도록 과거의 위기 대처 과정을 보면서 교훈을 얻어야 한다. 어느 한 분야 소홀히 하지 말고 만반의 준비를 해야 한다.

위기에 대처하여 국가적 부담을 줄이고 지속가능한 나라와 도시를 만들어 가야 한다는 생각이 끊임없이 일어난다. 우리가 생활하는 일상의 주변에도 항상 위기가 도사리고 있다. 국가도 위기에 직면한다. 위기를 잘 인식하고 대처하는 것이 바로 선진국이라는 생각이다. 과거의 실패에서 교훈을 얻지 못하는 사회나 국가는 후진국이다.

덩치만 키웠지 힘이 없는 사람이 많다. 국가도 마찬가지이다. 우리는 인구나 경제 규모가 커졌으나 위기대응 등 소프트웨어나 위기관리 시스템이 아직 후진국 수준에 머물러 있다.

위기는 단번에 오지 않는다. 어느 시대나 위기의 요소는 소리 없이 잠복해서 우리를 공격할 시간을 기다리고 있다. 위기대응 매뉴얼이 필요한 이유가 여기에 있다. 경각심을 가지고 살펴보면 위기는 사전 신호를 항상 보낸다. 그 신호는 파동의 형태로 나타난다. 따라서 파동을 제대로 감지하는 것이 중요하다. 그 사전 경고 신호를 제대로 감지하지 못하거나 효율적으로 대처하지 못하면 곧바로 위기가 찾아온다.

작은 업무를 소홀히 처리하면 큰 이슈로 변해간다. 그리고 특정 부처에서 자신들의 업무를 자체적으로 처리하지 못하면 타 부처가 관여하게 되고, 그러다 보면 국가적 현안으로 대두되는 것이다. 국가적 현안은 괴물 같은 존재로 변질되어 국가적 위기를 초래한다. 일단 국가적 위기로 확산되고 나면 위기 수습에 막대한 희생과 비용이 든다.

사후약방문 격으로 문책도 뒤따르게 된다. 때로는 정권을 유지하기 위해 비합리적이고 정치적인 해결을 시도하기도 한다. 위기를 수습하고 재발 방지를 위해 노력해야 할 공무원이 희생양이 된다. 이런 일들은 모두 눈에 보이지 않는 국민의 부담으로 돌아온다. 이런 바람직하지 않은 악순환을 피할 수는 없을까. 해결의 길은 분명히 있다.

발상과 인식을 전환하면 새로운 해결방안을 찾을 수 있다.

최근 정치와 경제, 국방과 외교, 사회와 교육. 자유민주주의 등 전 분야에 걸쳐 총체적 위기가 느껴진다. 지방이 겪는 어려움은 더 심각하다. 지방자치의 고질적인 부작용이 나타나고 있다. 인구 구조도 심각한 불균형을 나타내고 있다. 마침내 사망자수가 출생자보다 높아졌다. 자연적으로 인구가 감소하는 나라가 된 것이다.

선거 과잉 현상과 자치단체장의 무리한 의욕이 지방을 더 위기로 몰고 가고 있다. 수도권 중심주의는 더 심각해지고 있다. 국토 면적의 7% 정도인 수도권에 전체 인구의 절반이 거주하는 기형적이고 비정상적인 나라가 된 것이다.

위기대응 못지않게 위기가 지나간 후의 삶의 모습에도 관심을 가져야 한다. 내 가족, 우리 마을, 내가 사는 도시가 안정되고 편안해지는가? 시민들이 행복한가? 공직자가, 정치인이, 지도자가 귀를 열고 있는가? 앞으로 다가오는 새로운 위기에 제대로 대비하고 있는가? 이런 고민과 걱정은 아무리 해도 끝이 없다.

치열했던 공직 경험을 국가 발전 위해 모두 쏟을 각오

나는 경북 영양군 수비면 송하동의 두메산골 시골 마을에서 태어나고 어린 시절을 보냈다. 대구에서 초중고와 대학을 다니며 학창 시절을 지냈다. 대학 시절부터 서울과 지방의 차이를 어렴풋이 느끼기 시작했다. 서울과 지방이라는 이분법적 구분이 올바르지 않다는 생각도 들었고, 지방 대학에 다니는 설움도 어렴풋이 맛보았다.

대학을 졸업하고 행정고시를 통해 사무관으로 공직생활을 시작하였다. 공직자로 내무부, 국세청, 외교부, 농림축산식품부, 농촌진흥청, 한국농수산식품유통공사aT 등 중앙 행정기관에서 40년을 근무하였다. 사람들은 나의 경력을 보고 '공직의 꽃'을 다 거쳤다고 말한다. 그동안 나는 개인적으로 주어진 일을 성실하게, 열정적으로 일했다고 자부한다.

공직자로서 다양한 삶의 길을 걸어오는 동안 선후배들과 주변의 도움도 많이 받았다. 중요한 보직을 거치면서 기관 책임자의 자세와 몸가짐, 스스로 중심을 잡는 일이 무엇보다도 중요하다는 점도 느꼈다. 기회 있을 때마다 지도자의 열정과 혁신 마인드를 강조했다. 그러면서 스스로 솔선수범 하고자 노력했다.

공직 40년을 마무리하면서 많은 생각이 들었다. 2019년은 3.1만세운동과 상해 임시정부 수립 100주년의 해이다. 대구는 국채보상운동이 시작된 곳이다. 2.28학생운동 등 위기마다 앞장서서 나라를 지켜낸 곳이다. 6.25전쟁으로 나라가 무너질 때 마지막까지 지켜서 나라를 구한 곳도 바로 우리 대구 경북 지역이다.

아쉽게도 영남 정신, 선비 정신, 화랑도 정신, 새마을 정신으로 이어지는 자랑스러운 전통이 사라져간다고 한다. 반드시 다시 살려 지켜내야 한다. 지금은 지난 100년을 돌아보고 앞으로 100년을 위한 초석을 놓는 귀중한 시기이다.

내가 몸담고 있는 작은 곳에서부터 지역공동체와 나라를 위해 일하겠다는 각오를 한다. 오래 수고했으니 이제는 그냥 편안히 여행이나 다니라는 주변의 권유도 있었다. 하지만 아니다. 공직 40년을 지내는 동안 나는 위국진충爲國盡忠이란 말을 늘 가슴속에 품고 다녔다. '나라를 위해 충성을 다하자.'는 이 말을 실천하는 것이 바로 나의 마지막 소망이다.

나 자신부터 나라 발전을 위해 조그만 주춧돌을 놓는 심정으로 일하고자 한다. 그게 바로 정치인이 되건 평범한 시민으로 살건 한결같은 나의 바램이다. 내가 태어나고 자란 곳, 꿈 많은 청소년기를 보낸 곳, 내가 사랑하는 이곳에서 나의 새로운 발걸음을 시작한다. 후배들과 자식들이 우리보다 더 나은 세상에서 살기를 바라는 간절한 소망과 감사, 사랑의 마음을 책에 담았다.

김 재 수

PART 01
위기에서 교훈 얻어야 선진국 간다

PART 02
내가 겪은 농정 위기

PART
01

위기에서 교훈 얻어야 선진국 간다

위 경북 경산시청 AI 재난안전대책 점검 2017. 1. 4
아래 경기도 동두천시 축산시설 소독 시연 2017. 1. 18

Chapter 01
나라의 근간을 흔드는 총체적 위기

1

국가 핵심 가치 위협받아

우리나라는 좁은 국토에 자원이 별로 없는 나라이다. 인구는 5천만 명이 넘는다. 2018년 기준으로 우리나라 국토 면적은 1,002만 9,535ha로 전 세계의 0.07%를 차지한다. 순위로는 세계 107위이다. 인구는 5,181만 1,167명으로 세계 전체 인구의 0.7%를 차지한다. 중국(14억 2,006만), 인도(13억 6,873만), 미국(3억 2,909만), 일본(1억 2,685만)에 이어 순위로는 세계 28위이다. 경제 규모인 GDP는 1조 5,302억 달러로 2%를 차지하며 순위는 세계 12위이다.

무역 규모는 1조 1,405억 달러(3%)로 세계 7위를 차지한다. 1인당 GDP는 3만 달러를 넘어서 세계 26위이다. 세계 7번째로 30/50 클럽 (인구 5천만이 넘는 국가가 1인당 GDP 3만 달러 초과)에 가입한 나라이다. 2017년 기준으로 세계 수출 시장에서 우리나라 상품이 1위를 차지하는 품목이 77개이다. 세계 12위 국가이다. 중국이 1,720개로 세계 1위를 차지하고 있다. 경제 규모와 성과를 중심으로 보면 우리나라의 위상은 매우 높은 편이다.

나라의 위상이 높아지고 경제는 발전하였으나 그에 비해 다수 국민들이 느끼는 만족도는 높지 않다. 행복지수도 낮다. 유엔 세계행복보고서는 2018년 한국의 행복지수를 156개 국가 중에서 57위라고 발표했다. 세계에서 제일 행복한 나라는 덴마크로 나타났다. 인구 560만으로 우리나라의 10분의 1에 불과하나 건강, 자녀, 노후 등이 걱정 없는 나라로 꼽혔다. 물론 경제지표를 행복지표로 평가하는 것은 문제가 있다. 그러나 우리와 비슷한 경제지표를 가진 국가 가운데서 우리나라의 행복 수준이 현저히 낮다는 점은 눈여겨볼 필요가 있다.

성장의 과실을 대기업이나 일부 집단이 독점하는 것에 대한 국민의 거부감도 큰 편이다. 성장을 지속해야 하는데 지속가능성에 대한 우려 또한 높다. 전반적으로 국가 경제는 성장하였으나 지방은 여전히 낙후되어 있다. 두루 잘 살아야 하나 그렇지 못한 것이다. 서울과 지방의 격차가 심하다. 성장의 과실이 중앙에 집중되고 있어 지방의 불만이 많다.

서울, 인천, 경기 등 수도권에 전체 인구의 50%가 거주한다. 수도권에 사람과 자본이 몰려 비정상적인 상황을 야기하고 있다. 지방은 불만이 넘쳐난다. 청년들의 불만이 더 크다. 지방에 거주하는 사람은 사람 취급도 못 받는다고 야단이다. 다수 국민이 불만이고 지방 사람은 더 큰 불만을 안고 산다.

위기crisis란 무엇인가? 일반적으로 '위협적이거나 고통스러운 상태'를 위기라고 말한다. 사전에는 위기를 '위험한 고비나 시기'를 가리킨다고 말한다. 나는 개인이나 가정, 기업이나 국가의 핵심 가치가 위협 받을 때가 바로 위기의 순간이라고 생각한다. 문재인 정부 들어 국가가 총체적으로 위기 상황에 처해 있다. 국가의 핵심 가치인 자유민주주의나 시장경제 질서가 위협받는 상황에 내몰려 있다.

문화와 정신 상태도 위기 상황이다. 문재인 정부 출범 이후 정치 상황, 북한 비핵화 협상, 국방과 안보, 경제와 사회 등 국정 전반에 걸쳐 위기가 고조되고 있다. 정부가 중점적으로 추진하는 국정과제가 국민의 지지를 받지 못하고 있고 핵심 가치가 흔들리고 있다. 미래 비전은 어디에도 보이지 않고 사회 도처에서 갈등만 증폭되고 있다. 정부가 추진하는 중점 정책에 대한 국민의 피로감은 늘어만 간다.

심각해진 진영 갈등

이념과 부문, 세대 간 갈등이 심해지고 있다. 이념과 진영이 나누어져 서로 철천지원수처럼 대립하고 있다. 이를 조정하고 통합해야 할 정치권이 제 역할을 하지 못하고 국민의 신뢰를 잃었다. 진보나 보수를 막론하고 지도자 위치에 있는 사람들에 대한 거부감이 증대된다. 경제성장과 발전의 성과 배분을 두고 갈등한다. 늘어나는 고령화 사회에 증가되는 부담을 두고 걱정이 많다. 한마디로 국가 전체가 총체적 위기 상황이다.

위기는 멀리 있는 게 아니다. 가까이 느끼는 미세먼지도 위기 상황이다. 생활 주변 가까이 있는 상황을 위기로 인식하지도 못하고 있다는 게 더 큰 문제이다. 국민의 건강과 안전을 위협하고 있는 심각한 위기들이 도처에 널려 있다. 진정성과 고민이 없는 정부의 단기적이고 단세포적인 미세먼지 대책은 국민을 실망시킨다.

수시로 날아오는 '미세먼지 심각 수준'이라는 경고 문자 메시지는 국민을 더 짜증나게 만들 뿐 그게 무슨 대책이 되는지 의문이다. 차량 2부제를 실시한다든가 대형 공기 청정기를 설치하겠다는 식의 미세먼지 대책은 너무 즉흥적이고 단세포적이어서 코미디에 가깝다. 심지어 '한국 미세먼지가 중국으로도 간다.'고 하는 공직자도 있으니 너무 황당해 할 말을 잊게 만든다.

사실이 아닌 주장으로 국가 위기 상황이 초래되기도 한다. 미국 소고기를 먹으면 광우병에 걸린다는 주장은 사실이 아니었으나 초기에 대응을 잘못해 이명박 정부가 위기에 처했다. 미세먼지도 비슷한 측면이 없지 않다. 어느 정도 인체에 유해한지, 발생 원인이 무엇인지, 대책이 무엇이며, 대책의 실천 가능 여부에 대한 논의는 뒷전으로 밀려나 있다.

사실이 아닌데도 국가를 위기로 몰고 갈 우려가 있는 사안과 주장들이 있다. 이런 위기 상황에 잘 대비해야 한다. 정부는 이런 종류의 심각한 위기 상황을 위기로 느끼지 않고 애써 외면하려는 경향을 보인다. 사회적 혼란과 국가적 위기를 초래한 파동은 대부분 초기 인식의 실패나 위기관리의 소홀로 일어났다.

다시는 이런 위기들로 인해 국정 실패를 되풀이하지 않도록 국정 이슈를 잘 관리할 필요가 있다. 실제로는 국정의 모든 분야가 그렇다고 봐야 한다. 우리 가까이 와 있는 미세먼지, 대형 산불, 미사일 발사와 같은 북한의 무력 도발, 경제 침체, 정치 혼란 등 모두가 큰 대형 국정 위기로 발전할 소지를 안고 있는 위험한 사안들이다.

2

농업 위기, 농촌의 위기

지방과 농촌의 위기도 점점 더 심각해지고 있다. 지방자치 역량에 대해 근본적인 의문을 갖지 않을 수 없는 지경이다. 악화되는 지방 재정, 소멸 위기에 처한 지방 자치단체, 침체되는 지방 경제를 보며 모두들 심각한 위기의식을 느끼고 있다. 지방의 위기는 상당 부문 우리 농촌과 농업이 직면하는 위기이다. 농촌의 인구 소멸, 고령화, 농산물 가격 하락 등 위기의 형태와 원인도 다양하다.

농촌이 겪는 위기에는 교육, 복지, 문화 등 여러 다양한 종류가 있다. 농업의 위기는 농산물 생산에서 유통, 소비, 수출입, 식품 안전에 이르기까지 다방면에 걸쳐 있다. 압축 성장의 그늘에서 발생한 구조적 위기도 많다. 아직 경제 발전의 혜택을 제대로 누리지 못하고 있는 것이 우리 농촌의 현실이다. 경제 발전과 성장의 과실이 비농업과 도시 부문에 집중되고 농업과 농촌 분야는 소외되어 온 것이다. 현재 우리 농업의 위기는 실제로 피부로 느껴지고 눈으로 보일 정도로 심각한 수준에 이르렀다.

가장 심각한 문제는 농촌 인구가 감소되고 급속히 고령화되어 농촌 지역이 활기를 잃어가는 것이다. 우리나라만 그런 것이 아니라는 반박 논리를 펼지 모르나 우리가 처한 상황은 세계 어느 나라보다도 심각하다. 농산물 가격 불안과 농산물 생산비 상승, 소득 정체, 농촌 지역의 폐가와 폐교, 그리고 환경오염 등으로 황폐화되는 농촌 풍경을 보면 마음이 너무도 무겁다. 더 안타까운 것은 앞으로 사정이 더 심각해질 것이라는 점이다.

앞으로 본격적인 개방화가 이루어지고, 4차 산업혁명 시대가 열릴 것이다. 기상이변과 기후변화도 바로 눈앞에 다가와 있다. 병해충과 가축질병도 연례행사처럼 발생한다. 농촌 생활 전반에 걸쳐 여러 가지 불편과 애로가 대두된다. 이러한 농촌 문제는 지방 차별 문제와 지역 갈등으로 변해갈 소지를 안고 있다. 위기가 심해지면 자칫 국가 전체를 위기로 몰아갈 수 있는 사안인 것이다.

3

국가 위기 수준으로 악화된 농촌 문제

현재 우리 농업과 농촌, 그리고 농민이 직면하는 위기는 크게 세 가지로 정리할 수 있다.

첫째는 농업이라는 산업이 직면하고 있는 위기이다. 농업 부문의 성장이 정체되고 농업 소득이 떨어지는 현실이다. 저성장과 낮은 산업 비중은 단기간에 개선되기 어렵다. 농업 생산과정에서 고高투입, 고高비용, 고高에너지 비용도 문제이다. 이 문제는 비농업 분야의 비용 절감과 연계되어 있다. FTA와 글로벌화가 진전되어 농산업의 경쟁력이 떨어지고 있는 것이다. 식량과 곡물의 자급율도 떨어지고 있다.

둘째는 농촌이라는 지역의 문제이다. 농촌의 활력이 저하되고 농촌 환경도 악화되고 있다. 교육이나 복지 여건도 악화된다. 기후변화와 기상이변이 수시로 다가온다. 각종 재해가 빈번히 발생한다. 돌발

병해충이 발생하고 악성 질병도 많아진다. 농촌의 다원적 기능이 점차 악화되고 있다. 환경에 대한 국민의 관심이 높아지는데도 농촌 지역 문제를 해결하기는 더 어려워지는 역설적인 상황이다.

셋째는 농민의 문제이다. 농가 인구가 감소하고 고령화가 급속히 진전되며 농업 노동력이 부족하다. 농가의 40%가 65세 이상이라는 통계이다. 특히 소농과 가족농이 처한 어려움이 점점 더 심각해지고 있다. 농가 계층 간의 양극화도 심각하다. 이른바 '농농격차'의 심각성이 점점 커진다. 농촌의 복지도 미흡하다. 교통, 통신, 복지 사정이 어려워지고 있다. 자녀 문제, 노후 문제 등과 복합적으로 얽혀 농민 문제 해결이 더욱 더 어려워지고 있는 것이다.

장기적인 농촌 발전 모델 모색해야

이처럼 농업과 농촌이 처한 위기의 원인은 복합적이고 다양하다. 그 가운데는 농업 내부적인 요인도 있고 외부적 요인으로 발생한 것도 많다. 우리 경제의 급속한 압축 성장 과정에서 불가피하게 발생한 점도 있다. 원인이 복합적이고 다양한 만큼 처방도 다양할 수밖에 없다. 일일이 열거할 필요도 없을 것이다. 한두 가지 정책을 추진하여 단기간에 해결될 가능성도 없어 보인다.

그러나 찾아보면 답이 아주 없지는 않을 것이다. 가격이나 수급 차질은 때로는 시간이 경과하면서 저절로 해결되기도 한다. 단기 정책으로 급한 불을 끄려다가 일을 오히려 그르친 경우가 많다. 농산물이 가지는 특성을 잘 이해하지 못하기 때문이다. 정부 정책으로 단기간에 농촌과 농업의 모든 문제가 해결되기는 어렵다는 사실부터 제대로 인식할 필요가 있다. 제도 개선과 정부 재정으로만 농촌 문제를 근본적으로 해결하기는 어렵다. 서구 여러 나라도 비슷한 어려움을 겪고 있다.

농촌의 소멸을 방지하기 위해 새로운 발전 모델을 만들고 중장기 계획을 수립하는 노력이 필요하다. 5년마다 바뀌는 정권이 농업 문제를 단번에 해결하려 들지 말아야 한다. 어렵더라도 농업과 농촌 문제를 중장기적인 계획을 세워 제대로 추진하는 것이 필요하다. 섣부른 단기 정책을 추진하다가는 자칫 낭비성 결과를 가져오거나 농민들만 골병드는 결과를 가져오기 십상이다.

농업 문제 해결책을 찾기 위해 외국의 많은 사례도 연구해 보았다. 농업과 농촌 발전을 위한 많은 사례를 검토해 본 결과 무엇보다도 우리 실정에 알맞은 '한국형 모델'을 찾는 것이 필요하다는 결론을 내렸다. 키부츠나 모샤브 등 이스라엘의 혁신적인 공동체 모델도 권장하고 싶다. 그보다 더 나은 모델도 있을 것이다. 이대로 방치해 두면 자칫 위기 상황으로 갈 수도 있다. 도시와 농촌이 상생하는 새로운 대책을 추진하여야 한다.

위 대구 지역 식품외식업체 방문 2017. 4. 7
아래 서울 삼청각 주한 동남아국 대사 초청 간담회 2017. 3. 31

Chapter 02
공공 부문 위기관리 이렇게 하라

1

신속한 초기 인식이 중요하다

위기는 언제든지 찾아온다. 5천만 명이 살고 있는 대한민국에서 크고 작은 위기가 없을 수 없다. 위기의 형태도 다양하다. 천재지변이나 자연재해, 대규모 사건과 사고, 심각한 경제 침체도 위기이다. 물론 제일 두려운 위기는 전쟁이 일어나는 것이라고 할 수 있다. 전쟁 위기가 가장 심각하고 국민 모두가 총력 대응해야 할 과제이나 그것은 극한의 상황이니 논외로 두도록 한다.

산업 재해, 다시 말해 물적 시설의 위기 인식에 1:29:300의 하인리히 법칙Heinrich's Law이 있다. 대형 사고가 발생하기 전에 그와 관련된 수많은 경미한 사고와 징후들이 반드시 존재한다는 것을 밝힌 법칙이다. 한 번의 중대한 사고가 일어나려면 그 이전에 29회의 작은 사고가 있고, 그보다 더 이전에는 300회에 달하는 경미한 사고가 있다는 것이다. 1997년의 IMF 외환위기, 2008년의 글로벌 금융위기가 발생했을 때도 그 전에 여러 종류의 다양한 경고음이 있었다. 단지 우리가 그 경고음을 제대로 인식하지 못했을 뿐이다.

우리 생활 주변에서 가장 심각하게 피부로 느끼는 위기는 바로 경제 위기이다. 미래 예측 전문가인 아시아미래연구소의 최현식 소장은 한국은 지난 10년 동안 위기를 막기 위한 선제적 대응에 실패하였기 때문에 불가피하게 위기가 오게 되어 있다고 한다. 최현식 소장은 우리가 맞게 될 위기 가운데 하나가 바로 금융위기이고, 또 하나는 주력 산업의 글로벌 경쟁력 상실이라고 한다.

이밖에도 다양한 형태의 위기가 우리 주변에 다가오고 있다. 미래에 닥칠 위기는 관심을 갖고 관찰하면 어느 정도 예측할 수 있다. 그러나 현재 우리 사회 어느 곳도 다가올 위기를 종합적으로 인식하고 판단하고 경고해 줄 기관이 없다는 게 문제이다.

분명한 사실은 위기는 다양한 형태로 언제든지 다가온다는 것이다. 다가올 위기를 슬기롭게 극복하는 것이 무엇보다도 중요하다. 위기 상황을 잘 인식하고 사전에 선제적으로 예방하기 위한 방안을 찾아나서야 한다. 위기를 어떻게 예방할 것인가와 위기가 발생할 경우 이에 제대로 대처해 나가는 훈련이 필요하다. 개인이나 기업, 사회와 국가 가릴 것 없이 누구든 위기는 맞게 되어 있다. 각자가 맞이하는 위기의 형태가 다를 뿐이다.

따라서 위기에 대한 대응방안도 각기 다를 수밖에 없다. 위기관리에 대해 많은 연구가 진행되고 있으나 대부분 서구 모델을 소개하는 수준에 머물러 있다. 서구 모델은 우리나라와 사회문화적 특성이 달라 우리에게 잘 맞지 않는다. 위기관리 방안도 대부분 기업 위기를 대비하는 것이나 군대에서의 위기 대비가 많다. 기업의 판매나 매출 감소에 대비하고, 조직의 이미지를 관리하기 위한 위기대응책이 주류를 이루고 있다.

당연한 말이지만 최선의 위기관리는 위기 발생을 미연에 방지하는 것이다. 불가피하게 위기는 발생할 수 있다고 치자. 그 다음 우리가 할 수 있는 차선의 위기 방지대책은 위기로 인한 피해를 최소화하는 것이다.

나의 공직 경험을 토대로 공직자나 공공 부문이 대비해야 할 위기관리 방안을 중심으로 정리해 본다.

위기는 초기에 인식하는 것이 무엇보다 중요하다. 우리가 생활하는 주변 곳곳에서 여러 다양한 위기가 발생한다. 가정이나 직장, 학교, 공공시설, 산이나 강, 바다에서도 위기는 발생된다. 여러 형태의 사건과 사고를 겪으면서 어떤 상황이 위기로 변해갈 것이라는 판단을 해야 한다. 위기는 초기 단계에 인식하지 못하면 관리하기가 어려워지기 때문이다.

위기관리의 첫 단계가 바로 위기를 초기 단계에서 신속하게 인식하는 것이다. '깨진 유리창 이론'Broken Window Theory이 있다. 유리창

이 깨진 자동차를 거리에 방치하면 사회의 법과 질서가 지켜지지 않고 있다는 메시지로 읽혀져서 더 큰 범죄로 이어질 가능성이 높다는 이론이다. 사소한 문제를 방치하면 큰 문제로 이어질 수 있다는 것과 통하는 말이다. 따라서 문제가 커지거나 심각해지기 전에 빨리 문제의 핵심을 인식하고 고치는 것이 매우 중요하다. 위기도 마찬가지이다. 위기를 초기에 인식해야 대처하기 쉽고, 문제가 더 심각해지지 않도록 막을 수 있다.

사람들은 일반적으로 자신의 눈과 귀로 직접 보고 듣거나 자신이 직접 경험한 것을 중심으로 사물을 판단하려는 경향을 갖고 있다. 그보다는 객관적이고 제3자의 관점에서 사건과 상황을 보는 능력을 기르는 것이 중요하다. 누가 봐도 위기 상황임이 분명한데도 애써 별것 아니라며 넘어가려는 경우들이 있다. 특히 공공 부문에서는 사소한 실수나 업무 처리를 소홀히 하거나 지연하다 위기를 초래할 수 있다. 냉철한 눈으로 위기의식을 가지고 보지 않으면 위기를 제때 감지하기 어렵다.

초기 발견 실패로 문제 키운 구제역 파동

이명박 정부 시절에 가축질병이 발생해 사상 최대의 피해를 낸 일이 있었다. 2010년 11월 29일 경북 안동에서 구제역이 발생한 것이다. 구제역 증상을 최초 신고에서 접수, 질병 판단까지 가는 데 보름이 걸렸다. 초기 검사나 진단이 제대로 되지 않은 결과 구제역은 한 달 만에 5개 시도, 29개 시군으로 확산되었고, 71일 만에 8개 시도, 68개 시군으로 퍼졌다.

국가적 위기가 닥친 것이다. 거의 해마다 발생하는 가축질병인데 초기 단계에 제대로 인식하고 대응하지 못해 그런 무서운 결과를 낳게 된 것이다. 엄청난 비용이 지출되었고 국가적 위기가 초래되었다.

미세먼지 사태도 위기 수준의 상황에 이르렀다. 그러나 정부의 대응을 보면 위기를 제대로 인식하지 못하고 있는 것 같다. 국민 대다수가 불편해하고 안전과 건강을 걱정하고 있는데 비해 정부의 대응은 지나치게 소극적이다.

수시로 보내오는 당국의 경고 문자 메시지를 보는 국민의 마음은 불편하다. 통신회사 수익만 올려준다고 비판하면서 좀 더 근원적이고 적극적인 대응을 촉구한다. 작은 미세먼지 사태가 대형 국가 위기를 가져올 수 있음을 알아야 한다.

40년 간 정부에서 일하면서 수없이 많은 파동과 위기를 경험했다. 대부분 관리나 해결이 가능한 위기들이었다. 초기 단계에서 인식하고 신속히 대처했기 때문에 조기 해결이 가능했다. 행정부의 힘이 강했고, 시대 상황이 이를 용인하기도 했다. 지금은 효과적인 위기관리가 점점 어려워진다. 위기를 정치적으로 확대시키려는 세력이 있고,

이를 악용하는 조직이 있다. 행정력도 과거에 비해 많이 약화되었다. 그러다 보니 위기 해결에 과거보다 더 많은 희생과 비용이 든다.

불안한 수준의 현장 무감각

서울 수서역에서 SRT 열차를 타기 위해 대합실에서 기다리고 있었다. 갑자기 따르릉 하고 비상벨이 요란하게 울렸다. 비상벨 소리는 10여 분 동안 계속 울렸지만 반응하는 사람이 아무도 보이지 않았다. 비상벨이 울리는데 저렇게 무감각할 수 있는지 놀라웠다. 10여 분 이상 계속 울리자 시민들이 놀라거나 일어서서 웅성거리기 시작했다. '무슨 일이지?' 많은 시민들이 무슨 일인지 궁금해 하며 웅성거렸으나 아무도 설명해 주는 사람이 없었다.

그저 여기저기 웅성거리는 소리만 들릴 뿐이었다. 화재가 났거나 폭발물이 감지되기라도 했다면 빨리 사람들을 대피시키고 신속한 대응조치를 해야 하는데 그렇지가 않았다. 나는 걱정이 되었다. 열차표를 판매하는 매표소 직원은 아무 일 없다는 듯이 그냥 표 판매에 집중하고 있었다. 누군가가 알아서 처리하겠지 하는 자세였다. 시민들 가운데서도 앞에 나서서 단호하게 문제 제기를 하는 사람은 없었다.

참다못해 내가 일어나 창구로 가서 무슨 일이냐고 물었다. 창구 직원은 잘 모르겠다고 하면서 알아보고 있는 중이라는 말만 했다. 그것으로 끝이었다. 열차 기관사와 승무원들이 효과적인 대응을 하지 않아 많은 사상자를 낸 2003년 대구의 지하철 화재사고가 생각났다. 만약 이번 비상벨도 실제로 화재나 가스 누출 등 비상 상황이면 어떻게 되었을까. 지하의 깊숙한 곳에서는 수백 명이 순식간에 목숨을 잃을 수 있는 것이었다.

최악의 경우를 가정한다면 매우 위태로운 상황이었다. 빨리 대피하지 않으면 큰 사고로 이어질 가능성이 얼마든지 있었다. 그날 일은 아마도 비상벨이 오작동한 것으로 생각되었다. 문제는 현장 종사자나 관리책임자, 사장 등 아무도 그 자리에 나타나지 않았다는 사실이다. 한마디로 총체적인 위기 불감증이 사방에 만연하고 있다. 국민 생활 곳곳에서 위기 상황이 잠재하고 있음에도 모두들 이를 무감각하게 넘기고 있는 것이다. 그런 곳이 너무나 많다.

아찔한 저수지 붕괴 위기

2016년 9월 12일 경북 경주시에서 지진이 발생하였다. 장관으로 취임한 지 며칠 되지 않은 때였다. 추석날인 9월 15일 새벽에 경주에 지진이 발생하여 저수지에 균열이 생겼다는 긴급한 보고를 받았다. 바로 현장으로 내려갔다. 다행히 마을 위쪽에 위치한 소규모 저수지라 큰 위험은 아니었다. 건설한 지 오래된 저수지였다. 농어촌공사 직원들이 응급조치를 하였다.

　인근에 몇 개의 저수지가 더 있어 살펴보았다. 마을과 좀 떨어진 곳에 있는 소규모 저수지들이라 큰 사고는 발생하지 않을 것이나 매우 위험해 보였다. 인명 피해가 없었으니 다행이었다. 불과 몇 년 전에도 경주에서 저수지가 균열이 되어 논밭이 침수되고 가옥이 붕괴되었으나 다행히 인명 피해는 없었다. 대형 저수지가 걱정되었다. 1천만 톤의 규모를 가진 보문저수지로 달려갔다.

　다행히 보문저수지의 안전에는 별 문제가 없었다. 지진에 대비해 안전하게 설계되었고, 저수량도 절반 정도에 머물러 있었다. 점검을 마치고 경주시청 상황실에 들렀다. 경주 일대에 지진으로 집이 파손되고 각종 유물이 훼손되어 피해가 크다는 내용이었다. 그런데 상황실 보고 내용에 저수지는 없었다. 만에 하나 보문저수지가 지진으로 붕괴된다면 경주시 전체가 물에 잠기는 엄청난 참사가 나게 될 것이다. 생각만 해도 아찔했다. 하지만 시청 공무원들의 머릿속에 저수지의 안전에 대한 생각은 없었다.

2

상황을 장악하고
관계 부처 협조 체제를 구축하라

위기가 발생하면 신속히 상황을 장악하는 것이 무엇보다 중요하다. 실무자는 초기 인식, 자료 수집과 정리 등 기본적인 상황을 파악해야 한다. 초기에 상황을 제대로 파악하지 못하면 위기관리가 어려워진다. 곳곳에서 문제가 나타나기 때문이다.

하지만 업무 소홀, 정보 부족, 현장 협조 미흡 등으로 초기 상황 파악이 쉽지 않은 것이 우리가 처한 현실이다. 중간 관리자는 현장 실무자가 파악한 상황을 토대로 위기의 처리 방향을 정해야 한다. 최종 의사결정권자에게 보고하기 전에 미리 이 상황을 어떻게 처리할 것인지에 대한 나름대로의 결정이 내려져 있어야 하는 것이다.

'단순 보고', '후속조치 필요', '관계 부처 협조 및 추가 조치 필요' 등으로 위기를 어떻게 처리할 것인가에 대해 여러 상황을 고려해 적절한 결정을 미리 내려놓고 있어야 한다. 유사한 사태에 대한 과거 경험도 중요하고, 최악의 상황도 항상 염두에 두어야 한다. 예상하지 않은 돌발 상황이 언제든지 발생할 수 있기 때문이다.

위기가 발생했을 때 실무자가 허둥지둥하면 안 된다. 허둥대면 실수를 일으키기 쉽고, 그러다 보면 초기에 진화할 수 있는 기회를 놓쳐 위기를 더 악화시키게 된다. 정확하게 상황을 파악한 후에는 신속히 윗선에 보고하는 것이 필수적인 과정이다.

'신속과 정확' 가운데서 어느 것을 우선시할 것이냐를 놓고 고민스러울 때도 있다. 하지만 위기가 발생했을 때는 신속한 현장 파악과 보고가 우선이다. 정확성을 챙기느라 시간을 지체하다가 손 쓸 시간을 놓치면 안 되기 때문이다.

상황 분석은 신중하게

그 다음은 위기가 발생한 원인을 분석하는 것이 필요하다. 원인 분석은 신중하게 해야 하나 그 결과를 위기 현장에서 서둘러 발표할 필요는 없다. 현지 상황, 전문가 의견 등 제반 상황을 종합적으로 검토한 다음 적당한 시기를 고려해 가며 단계적으로 발표하면 된다. '현재까지 파악된 상황은 이렇다.', '현재 추가 분석이 진행 중이다.'는 식으로 판단에 여지를 두는 것이 좋다. 위기 현장에서 발생 원인을 성급하게 발표했다가 자칫 사실이 아닌 것으로 드러나게 되면 큰 낭패를

── 농정신문고 회의를 주재하는 김재수 장관. 농정신문고는 SNS를 활용해 농업 현장과 적
극 소통하는 도구로 자리잡았다.

겪게 된다.

2018년 12월 12일 강릉에서 서울로 가는 KTX 열차가 탈선한 사고
가 일어났다. 오영식 한국철도공사(코레일) 사장이 긴급히 현지를 방
문했다. 국토부 장관도 현장에 있었다. 오영식 사장이 사고 발생 당
일 강릉시청에서 열린 브리핑에서 사고 원인이 기온 급강하에 따른
탈선이라는 식으로 한 발언이 언론에 보도되었다. 금방 의문이 들었
다. 지금보다 더 추워지면 전국의 열차가 온통 다 탈선할 것이라는
말인가?

사고 원인을 그런 식으로 성급히 말한 것은 대단히 잘못된 대응이

었다. 사고는 여러 가지 원인으로 일어난다. 그리고 사고 원인을 정확하게 분석하는 데는 시간이 걸린다. '지금 기술적인 원인을 포함한 종합적인 분석을 하고 있다.'거나 '우선 사고 처리부터 하고 나서 원인 분석과 방지대책은 추후 발표하겠다.'는 식으로 말하는 것이 바람직했다. 위기 상황 장악이 제대로 되지 않았고, 사고 상황에 알맞은 메시지가 무엇일지에 대한 고민이 부족했던 것이다.

관계 부처 협조라는 함정에 빠지지 말아야

위기관리를 하는 데 있어서 상급 부처나 타 부처의 협조가 필요할 경우가 있다. 원인 분석과 후속조치를 할 때도 관계 부처 협조가 필요하다. 공공 부문의 업무를 할 때는 유관 기관이 있다. 때로는 관련된 부처가 모두 공동 책임을 져야 한다는 식의 잘못된 인식을 하는 경우도 있다. 소관 부처가 제대로 처리하지 못한 위기를 '당면 과제', '현안 이슈' 같은 말로 포장하고, 포장된 당면 과제를 '부처 간 협의 사항'이라는 식으로 교묘하게 보고하는 것이다.

그런 식으로 일단 상급 부처에 보고되고 나면 상급 부처의 처리 지침을 기다린다. 자체적으로 해결할 수 있는 사안도 상급 기관의 지침을 기다린다. 책임을 지지 않으려고 하기 때문이다. 물론 소관 부처의 독자적인 해결 능력을 넘어서는 경우도 있다. 그래도 협조 부처는 적극적인 해결에 나서기보다는 소극적인 협의만 해주는 데 그칠 경우가 많다.

모든 일을 관계 부처와 협의하여 처리하려고 하면 문제 해결은 더 늦어질 수도 있다. 생색내기에 바쁘고, 너도나도 상급 기관에 먼저 보고하려고 하기 때문이다. 그 결과 주무 부처의 역할은 뒷전으로 밀려나게 된다. 실제로 책임 없는 부처에서 대통령에게 먼저 보고하여 효과적인 위기관리를 어렵게 만든 경우가 많았다.

위기를 해결하는 데는 주무 부처 외에 실질적인 도움을 주는 부처는 거의 없다는 사실을 인식해야 한다. 관계 부처는 대부분 도와주는 흉내만 내거나, 자기들 부처에 돌아올 책임을 회피하는데 급급한 경우가 많다.

부처 간 협의가 필요한 과제로 분류되고 되면 언론이나 제3자에게 좋은 먹잇감이 된다. 소관 다툼, 부처 이기주의, 책임전가 등의 욕구와 맞물려 비판의 소재가 된다. 그렇게 되면 사태가 위험해진다. 소속 부처의 이기주의를 앞세운 정보 독점이 위기를 더 심각하게 만들거나 위기 수습을 더디게 한다. 사태가 커지면 회의도 많고 보고해 달라는 부서도 많아진다.

국무총리실이나 청와대 등 상급 기관에 보고하는 것으로 할 일을 다한 것으로 생각하면 안 된다. 청와대는 부처의 업무에 대해 책임지는 기관이 아니라는 사실을 잊으면 안 된다. 소속 부처의 일로 총리실이나 청와대가 책임지는 경우는 지금껏 한 번도 보지 못했다.

통제 불능으로 가지 않도록 막아야

위기는 확대되면 어느 순간 통제되지 않는 괴물로 변한다. 여러 가지 통제하기 어려운 요인들이 가미되기 때문이다. 위기는 알지 못하는 사이에 확대되거나 위기의 성격이 바뀐다. 그리고 위기는 대부분 반복된다. 반복되는 정도나 발생되는 시간에 차이가 있을 뿐이다. 위기의 인식과 판단, 해결 과정, 협조 등 종합 대처하는 일은 공직자가 주도적으로 해야 한다.

그런 일은 우리 사회 다른 어떤 구성원에게도 맡길 수 없다. 위기는 작은 것에서 시작하지만 점점 커지면서 국가적인 현안으로 변해 간다. 국가적 현안으로 변한 위기는 국가적인 파동으로 변질될 우려가 있다. 그리고 위기가 파동으로 바뀌고 나면 그 기회를 이용하여 경제적인 이득을 챙기려는 세력이 반드시 등장한다. 그렇게 해서 파동은 국가적 위기로 변질되어 많은 비용과 희생을 치르게 되는 것이다.

괴물로 변한 국정 위기를 해결하려면 많은 난관에 직면하게 된다. 새로운 위기 해결 세력이 등장하고, 민관 협조 사항이라는 명목으로 민간도 참여한다. 위기를 부추기는 세력도 나타난다. 그 세력은 외부에도 있고 부처 내부에도 있다. 실무자 보고, 관리자 판단, 최고 의사

결정자의 결정 과정에 틈새가 있다. 그 틈새를 제3의 세력이 들어와 위기를 확대시키는 것이다.

위기에 기생하여 먹고 사는 개인이나 조직, 집단도 생겨난다. 부처의 조직 이기주의도 나타나고 개인의 이해관계도 개입된다. 주도적으로 해결하려는 해결 주체를 찾기 어렵다. 그렇게 해서 괴물이 된 국가 위기는 정부의 관리나 통제를 벗어나게 된다. 통제 불능의 상태가 된 국가적 위기는 고스란히 국민의 부담으로 다가온다.

3

메시지 관리를 철저히 하라

현장 중심의 교육 훈련

위기에 대비하여 평소에 교육과 훈련을 철저히 하는 것이 필요하다. 교육과 훈련은 수시로 실시하여 몸에 익숙하도록 만들어야 한다. 예를 들어 화재가 발생하면 전기가 끊어져 캄캄한 상황이 된다. 비상등이나 비상구를 찾기 어렵다. 평소에 훈련을 충실히 해서 대비상황을 익혀두면 이런 상황에서도 적절한 대처를 할 수 있게 된다.

그렇기 때문에 교육과 훈련은 철저히 현장 중심으로 이루어져야 한다. 하지만 현실적으로는 대응 매뉴얼에 대해 물으면 '매뉴얼에 다 나와 있습니다.'라는 식으로 대수롭지 않게 넘기고 만다. 머릿속에만 들어 있고 실천이 뒤따르지 않는 매뉴얼은 무용지물이다.

훈련을 할 때는 실제 상황이라 생각하고 대처 능력을 익히도록 해야 한다. 매뉴얼에 나와 있는 내용도 실제 상황과는 차이가 많이 나는 경우가 많다. 실제로 일어나는 개별 위기 상황은 매뉴얼과는 다르다. 그렇기 때문에 실제 상황이 일어났을 때 매뉴얼을 100% 적용하기는 어렵다.

위기대응에 '밧줄' 이야기를 자주 인용한다. 국내여행이나 해외여행 때 2~3미터짜리 밧줄만 갖고 있으면 절대로 죽지는 않는다는 말이다. 밧줄을 항상 가방에 넣어 다니면 특히 화재 발생 때 요긴하게 써먹을 수 있다고 한다. 말았을 때 주먹 만한 크기의 밧줄을 항상 가방에 넣고 다니는 습관을 기르면 대형 참사 때 매우 유용한 탈출 수단이 된다. 많은 위기를 극복하고 살아남은 사람들이 경험을 토대로 추천하는 말이다.

상황별 메시지 관리

위기가 발생했을 때 장차관 등 고위직이 해야 할 일은 우선 위기 상황을 완전히 장악하고, 상황에 맞는 적절한 메시지를 내보내는 일이다. 현장 점검과 후속조치는 그 다음에 할 일이다. 일어난 상황을 어떻게 인식하고 관리할 것인가를 먼저 판단하는 것이 무엇보다 중요하다. 상황 장악을 제대로 하지 않은 채 위기 현장에 달려가서 즉흥적으로 대처하다가는 많은 부작용이 발생하게 된다.

정부 관계자가 앞장서서 지나치게 위기를 강조하는 것도 해서는 안 될 일이다. 또 위기가 발생했는데 별 것 아니라고 무시하는 태도를 취하는 것도 안 된다. 초기에는 '정부가 이 상황을 잘 파악하고 있다.'는 식의 메시지를 우선적으로 내도록 한다. 상황에 맞는 메시지를 적절히 잘 선택하는 일이 중요하다. 국민을 안심하기 위해 '염려하지 않아도 된다.'는 식의 메시지도 좋고, '긴급조치를 취하고 있는 중이다.' '정부는 이런 준비를 하고 있다.'는 식의 메시지도 국민들에게 신뢰감을 주기 위해 필요할 때가 있다.

흥분한 피해자가 책임자 처벌을 요구할 때는 상황에 휘둘리지 말고 '지금은 처벌과 책임이 중요한 상황이 아니다.'는 식으로 단호한 입장을 밝히는 것도 필요하다. '지금 각종 역량을 총동원해 조사하고 있으니 조금만 더 기다려 달라.', '현재 조사결과를 바탕으로 원인 분석을 하고 있다.', '조만간 긴급대책을 마련해 실시할 예정이다.'는 식으로 상황에 맞는 메시지를 적절히 내는 것이 중요하다.

메시지의 일관성

그리고 정부가 발표하는 메시지는 무엇보다도 일관성을 가져야 한다. 메시지 내용이 수시로 바뀌면 곤란하다. 정확하게 발표한답시고 지나치게 세부적인 내용까지 시시콜콜 밝히려고 하지 않도록 한다.

그리고 메시지 내용을 간단하고 명확하게 하는 것이 무엇보다도 중요하다.

천안함 폭침과 세월호 사태가 일어난 당시를 되돌아보자. 2010년 3월 26일 우리 군의 초계함인 천안함이 북한군 잠수함의 어뢰 공격을 받아 침몰하였다. 침몰시간이 9시 15분, 9시 20분, 9시 35분 등으로 발표 때마다 수시로 바뀌는 사태가 벌어졌다. 합참 작전처장이 나와 레이더로 보면 새떼인지, 간첩선인지 분명하지 않은 것 같다는 설명을 하였다. 얼마 후 국방부 대변인의 설명은 또 다른 뉘앙스로 받아들여졌다. 열 영상장비를 두고도 '있다. 없다. 짜깁기 하였다.'는 식으로 일관성이 없었다.

세월호 사태 때도 비슷했다. 구조된 사람의 숫자 발표부터 갈팡질팡하였다. 이런 식의 메시지 일관성 결여는 정부의 대응에 대한 국민의 신뢰를 무너뜨리는 역할을 한다. 위기 때 정부가 내놓은 메시지는 무엇보다도 일관성이 있어야 한다. 메시지 관리는 평시에 위기관리팀을 중심으로 지속적으로 교육하고 준비하는 것이 필요하다.

장관 차관의 메시지는 최종적이어야

장차관은 직원들이 보고한 내용을 곧이곧대로 믿지 말고 원점에서 다시 검토하고 확인하는 자세를 가져야 한다. 자신이 잘 알고 있는 사항도 마찬가지이다. 파장이 올 것으로 예상되는 큰 이슈는 충분히 심사숙고해서 받아들여야 한다. 모든 일에는 빛과 그림자가 있는 법이다. 직원들이 제출한 보고서 중 한 문장, 한 단락이 자신의 운명을 좌우하기도 한다. 나아가 장관의 섣부른 말 한마디가 자칫 국가를 위기 상황으로 몰고 가는 일도 생길 수가 있다.

위기의 최종 결정과 대응은 장관의 몫이다. 책임도 전적으로 장관이 져야 한다. 절대 아랫사람에게 책임을 전가하는 태도를 보여서는 안 된다. 실제로 위기가 발생하면 장차관은 아랫사람들에게 피해가 가지 않도록 앞장서서 책임지는 행동을 보여주어야 한다. 주변 참모는 단지 자신을 보좌하는 역할만 할 뿐이다.

광우병 소고기 파동을 겪으면서 대통령 주변에 위기를 잘 대응해 나갈 참모의 필요성을 절실히 느꼈다. 충성심 강한 참모도 있어야 하고, 아닌 것은 '아니다.'라고 말할 강직한 참모도 필요하다. 미국 드라마 '하우스 오브 카드'House of Cards의 장면들이 생각난다. 재난 예산을 가져가서 다른 목적으로 사용하라고 하는 대통령의 지시에 완강히 거부하는 국토안보부 장관의 태도가 인상적이었다.

4

효과적인 소통 체제를 구축하라

국민을 상대로 위기 상황을 설명할 때는 소관 부처 장관이 제일 전면에 나서야 한다. 청와대가 앞장서서 언론에 비쳐지는 것은 피해야 한다. 사사건건 청와대가 전면에 나서는 것은 그야말로 아마추어 정부임을 자인하는 모습일 뿐이다. 위기를 제대로 다루어보지 않았고, 행정 경험이 없는 청와대 참모들이 자주 저지르는 실수 유형이기도 하다.

위기관리 메시지는 신속 정확해야

대통령의 참모가 언론에 자주 나오면 비난을 받기 쉽다. 자칫 잘못되면 돌이킬 수 없을 정도로 일이 커지고, 참모가 직접 입으로 내뱉고 나면 이후 일이 잘못되는 경우 도로 주워 담을 길이 없다. 대통령이 바로 책임을 져야 하는 상황이 되기 때문이다. 따라서 참모들은 언론에 자주 나오려는 욕심을 자제해야 한다.

대통령이 내보내는 메시지는 신중해야 한다. 대통령의 메시지가 너무 자주 나와도 대통령의 격을 떨어트리는 결과를 낳게 된다. 자칫하면 정부의 권위를 실추시키고, 나아가 정권 자체를 위기 상황으로 몰고 갈 수도 있게 된다.

위기를 극복하기 위해서는 소통과 홍보를 효과적으로 하는 것이 무엇보다 중요하다. 제대로 된 소통과 홍보야말로 위기관리의 시작과 끝이라고 해도 과언이 아니다. 위기 때 효과적인 대국민 커뮤니케이션은 국민을 설득하고 안심시키는 가장 중요한 수단이다. 위기 발생 시 대국민 소통의 기본 원칙은 한마디로 '솔직함과 신속함'이다. 빠르고 정직하게 국민에게 알리라는 것이다.

빠르고 정직한 위기관리 사례로는 존슨 앤 존슨Johnson & Johnson의 경우가 많이 인용된다. 1982년 미국 시카고에서 타이레놀 캡슐을 복용한 사람이 청산가리 중독으로 사망했는데, 존슨 앤 존슨은 즉각 위기관리팀을 꾸려 미국 전역으로 리콜 시행을 확대해 총 3,100만 병을 회수했다. 위기에 처한 기업이 진심을 고객에게 전해 전화위복 계기로 삼은 대표적인 사례이다.

솔직하게 설명하는 것이 국민에게 신뢰를 준다. 또한 솔직한 것 못지않게 신속하게 설명하는 것이 중요하다. 때를 놓친 사과와 해명은 큰 효과를 거두기 어렵다. 홍보를 위해 보도자료를 작성하느라 밤을 새는 일도 많이 보았다. 실무자들은 보통 보도자료를 만드는 일에 거의 목숨을 걸다시피 한다. 보도자료에 담을 내용도 중요하지만 위기를 다루는 큰 전략을 먼저 세워야 한다. 1단계, 2단계, 3단계 등 단계별로 진행될 상황을 미리 언급해 주는 것도 좋다. 정부가 위기를 체계적으로 잘 관리한다는 인식을 주기 때문이다.

직책별로 각자 역할에 맞는 메시지를 내놓아야

위기 상황을 설명하는 대국민 소통은 장차관이나 실국장 등 직책별로 방식을 달리해야 한다. 장관이 발표할 내용과 역할은 실국장이 내놓을 내용과 달라야 한다. 내가 미국 농무관으로 근무하던 시절의 일이다. 9/11 테러와 카트리나 태풍 등 많은 재해와 위기 상황을 목격했다. 2004년 미국과 이라크가 전쟁을 치르던 때였다. 국방부의 대국민 홍보와 설명은 명쾌하고 간단했다. 전반적인 전쟁 상황은 도널드 럼스펠드Donald Rumsfeld 국방장관이 설명하고, 개별 전투상황은 리처드 마이어스Richard Myers 합참의장이 담당했다.

기자들의 질문이 나오면 질문 내용에 따라 답변의 범위와 방식이 달랐다. 전쟁과 관련해 약간 예민한 질문이 나오면 '미국과 이라크는 지금 국운을 건 전쟁 중입니다.' 그것이 바로 답이었다. 자칫 군사 기밀이 튀어나올 수 있는 질문이기 때문에 지혜로운 답변으로 대처하는 것이었다. 답변 방식, 답할 내용의 경중과 우선순위, 요령을 달리해 답변하는 미국 국방부 장관의 소통 방식을 보고 깊은 감명을 받았다.

우리 상황과 많은 대조를 이룬다. 천안함 폭침이 일어났을 때였다. 우리 군은 많은 기자들의 질문에 자세한 부대배치 상황까지 설명하거나 군사 비밀이 튀어나올 수 있는 답변을 내놓는 것이었다. 국회 답변 때도 국방부와 각군 관계자의 답변이 달랐고, 그러면서 우왕좌왕하는 모습을 보였다. 주요 일간지에 우리 해군의 함대 배치상황이 소상히 보도되기도 했다. 자칫하면 군사 기밀도 노출될 수 있는 상황이었다. 지휘관들이 말로는 보안을 강조하면서 실제로 보안의식은 제대로 갖추지 않고 있는 것처럼 보였다.

언론 브리핑은 침착하고 당당하게

언론을 상대로 한 홍보 자세도 중요하다. 어찌 보면 사소한 일로 생각할지도 모르나 그렇지 않다. 기자들 앞에서 설명하는 고위직의 자세와 태도부터 제대로 갖추어야 한다. 내용 설명은 충실하고 일관성이 있어야 한다. 그리고 당당하고 차분한 태도로 브리핑에 임하도록 한다. 쓸데없이 손동작을 크게 하거나 불필요한 제스처를 사용하는 것은 바람직하지 않다.

말하는 태도를 갑자기 고치기가 쉽지는 않을 것이다. 국민들의 신뢰는 무슨 거창한 일이 아니라 이런 사소하게 보이는 행동에 크게 좌우된다는 사실을 명심해야 한다.

2000년 프랑스 파리의 국립행정대학원ENA에서 교육을 받을 때였다. 교육의 주요 내용이 고위공직자가 갖추어야 할 대국민 홍보와 자세였다. 교육생들이 서로 대담이나 토론, 인터뷰를 하도록 하고 이 장면을 녹화하여 다시 교육생들에게 보여주었다. 쓸데없는 제스처, 사투리, 다변 등 많은 점이 지적되었다.

고위공직자들이 알아두고 실천해야 할 자세이다. 위기관리는 고위공직자의 자세나 태도, 말에 의해서도 크게 좌우된다는 점을 잊으면 안 된다. 국민의 신뢰가 있어야 국가적인 파동이나 위기가 제대로 수습될 수 있다.

위기대응은 강력하게

위기는 언제나 일어날 수 있고 또한 반복되기도 한다. 위기대응은 초기에 강력하게 해야 효과적이다. 미지근하게 소극적으로 대응하거나 자주 하면 효과를 보기 어렵다. 단번에 강력한 대응을 하는 게 좋다.

2018년 11월 미국 펜실베이니아주 필라델피아 시내에 있는 한 스타벅스 매장에서 음료를 주문하지 않고 앉아 있던 흑인 2명이 수갑이 채워진 채 경찰에 연행되는 사건이 발생했다. 거래자를 만나러 스타벅스에 온 흑인이 화장실을 사용하려고 하자 매장 직원들이 이를 못하게 막으면서 일어난 소동이었다.

매장을 찾은 흑인이 영문도 모른 채 경찰서로 잡혀간 사건이 알려지면서 파장이 거세게 번졌다. 케빈 존슨Kevin Johnson 스타벅스 CEO는 즉시 소비자들에게 사과하고 전국 8천 곳 스타벅스 매장의 문을 닫고 17만 5천명 전 직원에 대해 인종차별 금지 교육을 시켰다. 이들을 하루 동안 교육하는 데 1,670만 달러, 우리 돈으로 약 178억 원의 비용이 들어갔다.

피해자 2명에 대해서 대학 학비 전액 지원도 약속했다. 해당 매장 직원에게만 특별 교육을 시키는 것이 아니라 전 직원에게 특별 교육을 시킨 것이었다. 스타벅스 측의 이러한 대응이 알려지면서 흑인과 소비자들의 분노가 가라앉기 시작했다. 즉각적이고 강력한 위기대응은 기업 경영에서도 매우 필요한 요소임을 보여준 사건이었다.

사건이나 사고가 일어난 현장을 방문하는 것은 필요하다. 그러나 상황을 제대로 장악하거나 적절한 메시지가 준비되지 않은 상태에서 허겁지겁 현장으로 달려가는 것은 금물이다. 제대로 된 준비 없이 재해 현장을 찾아 갔다가 봉변을 당한 사례는 적지 않게 볼 수 있다. 산

사태나 홍수, 수해 등 재해 현장에 대책 없이 찾아 갔다가는 흥분한 재해 피해자들의 돌발 행동을 야기할 우려가 있다.

무작정 현장을 방문하는 것은 아무에게도 도움이 되지 않는 행동이다. 현장에서 지키지도 못할 무책임한 답변을 하여 사후에 문제를 야기하는 경우도 있다. 현장에서 책임자 문책을 언급하는 것도 삼가야 한다. 신속히 원인을 조사하고, 조사결과에 따른 적절한 후속조치를 하겠다는 식의 답변을 하면 된다.

현장에서 관계자를 추궁하거나 책임을 지우는 모습 역시 당장에는 듣는 사람의 귀에 시원하게 들리지 모르나 나중에 후유증이 따른다. 책임이 종국적으로는 최고책임자인 자신에게 돌아온다는 사실을 잊으면 안 된다.

위기는 정면으로 돌파해야

2018년 12월 당시 오영식 한국철도공사(코레일) 사장이 강릉선 KTX 탈선사고의 책임을 물어 경질되었다. 필요하면 기관장이 책임을 지는 것은 당연한 일이다. 여론의 악화와 오영식 사장의 무책임한 발언 등으로 경질이 불가피한 상황이었다. 하지만 위기가 발생했다고 즉석에서 기관장을 문책하는 식의 행정이 위기를 수습하는 최선의 방책은 아니다. 그랬다가는 애당초 왜 자격 미달 기관장을 임명했느냐는 역풍을 맞을 소지도 있다. 지금은 그럴 시대가 아니다.

2001년 미국에서 일어난 9.11 테러로 약 3천 명의 무고한 시민이 죽었다. 하지만 그 일로 소방관 등 구조를 책임진 행정 담당자가 처벌받지는 않았다. 우리나라에서는 툭하면 장차관 목을 쳐서 위기를 해결하려고 하는 경우를 너무 자주 보아 왔다.

위기는 정면 돌파하여 극복하겠다는 자세가 필요하다. 해결 시기를 뒤로 미루거나 회피한다고 위기가 저절로 해결되는 것은 아니기 때문이다. 수많은 국내 파동이나 위기를 보았고 외국의 사례도 지켜보았다. 하지만 그 가운데서 무작정 덮어두거나 숨겨서 해결되는 위기는 보지 못했다. 세상에 영원한 비밀은 없다.

사소한 업무라고 적당히 봉합하려고 해서는 안 된다. 파동은 사소한 과제를 미숙하게 처리하는데서 일어나는 경우가 많다. 아무리 사소한 일이라도 졸속으로 처리하거나 적당히 봉합해서 덮어두려고 하다가는 나중에 더 큰 위기로 다가온다. 어떤 위기든 정면으로 돌파하여 해결하는 자세가 필요하다. 작은 이슈를 정면 돌파하지 못해 나중에 국가 전체를 위기로 몰고 가고, 온 나라가 휘청거리게 만드는 경우는 얼마든지 있다.

대통령 비서실의 위기관리센터는 임기와 정권에 연연하지 않을 사람이 맡아서 위기관리를 총괄해야 한다. 남북 문제, 경제 문제, 노사 문제, 청년 취업, 소득격차 해소, 인구 감소, 교육 위기 등 모든 국가 현안을 위기 상황으로 간주해야 한다. 위기는 외눈으로 보지 말고 입체적으로 보는 안목을 가져야 한다.

그러기 위해 위기 관련 정보 수집을 다양화하고, 위기에 대비한 네트워킹을 강화할 필요가 있다. 이를 위해 현직에 있는 사람은 물론이고 은퇴자들의 다양한 재능과 경험을 활용하고 아이디어를 모으는 방안이 필요하다.

거듭 강조하지만 위기는 얼마든지 극복할 수 있다. 그리고 위기대응의 성패를 가르는 것은 우리의 마음가짐이다.

Chapter 03
농업이 미래다

1

우리 농업이 이룬 자랑스러운 업적

　우리 농업의 미래에 대해 좁은 국토에서 희망이 없다거나 농업보다는 공산품 수출이 더 중요하다, 농가 인구가 전체 인구의 4.5% 정도이며 국민총생산 비중도 3%에 불과하다는 식의 비관적 견해가 있는 게 사실이다. 2018년 기준으로 우리나라 농가 수는 102만 1천 가구로 총가구의 5.2%를 차지한다. 농가 인구는 231만 5천 명으로 총인구의 4.5% 수준이다. 예산 비중도 약 4.3% 정도에 그치고 있다. 단순 인구 비중이나 GDP에 기여하는 비율 등 경제지표 중심으로 보면 농업 부문은 큰 비중을 차지하지 않는 게 사실이다.

　그동안 우리 농업은 국민의 먹거리, 즉 식량을 안정적으로 생산하는 기본적인 역할을 성공적으로 수행해 왔다. 5천 만이 넘는 인구를 가진 규모의 국가가 단기간에 국민의 먹거리를 자급한 나라를 지구상에서 찾기는 어렵다. 우리나라가 유일할 것이다. 우리는 과거 5천년 동안 가난과 배고픔에 시달렸으나 통일벼 개발과 농업 기술을 발전시켜 단기간에 이를 극복하였다.

　많은 후진국이나 개발도상국 사람들이 우리 농업 기술을 배우고자 한다. 농촌진흥청장으로 재임하면서 개발도상국의 많은 지도자와 장관들을 만났다. 이들은 우리의 앞선 농업 기술을 배우고자 많은 부탁을 하고, 우리에게 이런 저런 도움을 요청하였다. 해외에서 개최되는 회의에 참석하면 많은 이들이 우리의 농업 발전을 칭찬한다. 해외의 코피아KOPIA 센터를 통해 외국인들에게 우리 농업의 성공 스토리를 직접 알려주기도 한다.

　2009년 9월 이탈리아 라퀼라에서 열린 G8 정상회담에서 미국의 버락 오바마 대통령은 "한국 농업은 성공을 거두었고 한국의 식량 증산 정책은 세계적인 성공 스토리이다. 이제 한국은 국제사회에서 그 역할을 담당해야 한다."고 했다.

　우리나라 농업이 성공적인 발전을 이룬 사실은 다른 나라에 쌀을 원조하는데서 잘 나타난다. 우리나라는 2018년 5만 톤의 쌀을 에멘, 케냐, 에티오피아, 우간다 등 아프리카 4개국에 원조하였다. 식량원조는 이후에도 계속 이루어지고 있다. 우리는 이처럼 원조를 받던 국가에서 원조를 주는 나라로 처지가 바뀌었다. 배고픔을 단기간에 극복한 우리나라의 농업이 이제는 대한민국을 가난한 나라에 쌀을 원조해 주는 국가로 만들어 준 것이었다. 대한민국 농업의 자랑스러운 업적이라고 하지 않을 수 없다.

2

발전한 농업 기반 있어야 선진국 간다

미국, 영국, 프랑스 등 선진국을 포함한 G7 국가는 대부분 농업 강국이다. 농업이 발전하여야 반드시 선진국이 되는 것은 아니나 세계를 이끄는 선진국은 대부분 농업 강국들이다. 이는 농업의 튼튼한 기반 없이 선진국으로 진입하기 어렵다는 말이 되기도 한다.

노벨 경제학상 수상자인 사이먼 쿠즈네츠Simon Kuznets는 '농업을 발전시키지 않고도 후진국이 중진국으로 갈 수는 있다. 하지만 농업의 발전 없이 선진국으로 진입하기는 어렵다.'고 했다.

이처럼 농촌과 농업의 중요성은 더 이상 강조할 필요가 없을 정도이다. 원래 농업은 하늘天, 땅地, 사람人이 어우러진 산업이라고 했다. 요즈음 말로 표현하면 융복합산업인 셈이다. 햇빛, 물, 공기, 땅, 종자가 필요하고, 여기에 생산, 유통, 소비, 수출입 과정을 거치며 정보기술IT, 생명공학기술BT, 나노기술NT 등 각종 최첨단 기술이 들어간

복합체가 바로 농업이다.

농업과 농촌은 국가 발전을 위해 반드시 육성시켜야 할 산업이다. 농업은 인간이 살아가는 데 필요한 기본적인 먹거리를 공급하는 중요한 산업이다.

고부가 신 산업이 된 농업

농업과 농촌이 중요한 이유가 먹거리 생산 때문만은 아니다. 이밖에도 농업은 환경 보전과 국토, 수자원 보전 등의 공익적 기능을 하고 있다. 최근에 농업은 IT, BT, NT 등 최첨단 과학과 기술이 접목된 새로운 고부가 가치 신산업으로 도약하고 있다.

니콜라 사르코지 전 프랑스 대통령은 '농업은 나노공학이나 우주산업처럼 미래를 여는 열쇠'라고 했다. 짐 로저스Jim Rogers와 같은 세계적인 투자가는 청년들에게 미래 산업으로 농업의 가치를 강조한다. 미래학자들이 농업의 중요성을 강조하는 것은 먹는 농업이 아니라 기능성 농업, 첨단 농업, 신소재 농업 등 신농업으로 탈바꿈되기 때문이다. 혁신 국가를 만들고 벤처기업을 성공시킨 이스라엘 농업이 농업의 미래 가치를 잘 말해주고 있다.

농업을 담당하는 부서는 농민만을 위해 일하는 것이 아니다. 미국의 에이브러햄 링컨 대통령은 1862년 농무부를 창설하면서 명칭을

—— 2017년 2월 서울 코엑스에서 열린 농식품 과학기술미래전망대회에 참석한 김재수 장관이 스마트농업관을 둘러보고 있다.

'국민의 부'People's Department라고 했다. 농업은 전 국민을 위한 산업이니 농무부는 전체 국민을 위해 일하라는 뜻이다. 농업을 중시하는 미국 정부와 링컨 대통령의 인식이 잘 드러나는 말이다. 그런 인식 덕분에 미국은 이후 세계 최강의 농업 국가가 되었다.

　일본 정부도 '농업이 일본을 구한다.'는 기치 아래 각종 발전 대책을 추진해 왔다. 일본의 재정경제자문회의는 향후 일본 경제를 이끌어 갈 핵심 산업으로 농업과 관광을 들고 있다. '농업이 일본 경제를 살린다.'는 기치 하에 일본은 도시에서 다양한 농업 정책을 추진한다. 시민 농원을 조성하고 '채소 클럽'을 만들며, 취업농 상담센터를 두어

영농 교육, 농지 매입, 주거 알선, 농업 봉사활동 등 다양한 정책을 추진한다.

500여 개의 수직형 빌딩 농장에서 공장형 농업도 활발히 전개되고 있다. 지역 농산물 사용 정도에 따라 별을 붙인 등燈을 식당 앞에 내거는 녹색등 운동도 펼치고 있다. 이처럼 일본뿐만이 아니라 많은 선진국들이 도시에서 다양한 농업 정책을 추진하여 소득과 고용을 증대시키는 일에 열중하고 있다.

3

융복합 농업

지금은 신新농업 시대이다. 농업은 이제 더 이상 사람이 먹는 식량이나 가축 사료만 생산하는 단순한 1차 산업이 아니다. 농산물 생산, 유통, 소비, 수출입 등 거의 모든 분야에서 과거에 상상하기 어려운 놀라운 변화들이 일어나고 있다. 과거의 전통 농업은 땅에 종자를 뿌리고 햇빛과 물, 공기를 이용해 농작물을 생산하는 1차 산업에 머물러 있었다. 하지만 지금은 농경사회와 산업사회를 넘어 정보사회에 들어와 있다. 4차 산업혁명 시대인 것이다.

농업 분야에도 최첨단 과학기술과 정보통신, 그리고 문화적 기술이 광범위하게 응용되고 있다. 생산과 유통, 가공, 저장, 수출, 식품 안전, 관광, 의료, 생태 등 전방위적으로 1, 2, 3차 산업이 융복합되고 다양한 아이디어가 서로 접목되고 있다.

최근 들어 선진국들은 농업을 고부가 가치 첨단산업으로 인식하여 많은 투자와 지원을 하고 있다. 그에 따라 농업의 영역과 범위도 나날이 넓어지고 있다. 농작물이 사람이 먹는 식량이나 가축사료를 넘어 기능성 식품, 식의약 소재, 첨단 신소재를 아우르는 고부가 가치 상품으로 변해가고 있는 것이다.

농업 분야에서 과학 기술과 창의적인 아이디어를 접목하여 고부가 가치를 창출하는 사례는 매우 많다. 그동안 사양 산업으로 간주되던 양잠 산물이 화장품, 치약, 비누를 만들어 내는 데 사용될 뿐만 아니라 인공고막이나 인공뼈 개발에까지 진출하고 있다. 1g당 가격이 금보다 비싼 종자도 즐비하다. 생산된 농산물을 다양하게 가공하는 2차 산업은 이미 활성화되어 있어 농작물로 각종 농가공품, 음료, 주류, 의류, 섬유, 화장품, 비누, 의약소재 등을 만들어내고 있다.

농업은 이제 농촌의 자원과 환경, 농촌 어메니티rural amenities, 관광, 볼거리 등을 개발하는 새로운 산업으로 발전되고 있다. 생소하게 들릴지 모르나 '농촌 어메니티'는 사람들에게 휴양적, 심미적 가치를 제공해 주는 농촌에 존재하는 여러 특징적인 모습을 가리키는 용어이다. 여기에는 생물종의 다양성, 생태계, 지역 고유의 정주 패턴, 경작지, 고古건축물, 농촌 공동체의 독특한 문화나 전통 등이 포함된다.

농업이 이제는 1차 생산 중심의 농업에서 2차 가공산업을 넘어 3차 관광, 휴양 산업으로 변모하고, 생명공학과 대체 에너지 등 첨단 산업과 융복합된 6차 산업으로 변화하는 것이다.

융복합 6차 산업의 핵심이 되다

최근에는 농업을 6차 산업이라고 한다. 정보, 생명공학, 바이오, 나노기술이 가미된 첨단과학으로 1차, 2차, 3차 산업이 합해진 산업으로 발전되기 때문이다. 컬러 감자, 컬러 고구마, 컬러 누에 등 컬러 농작물을 재배하여 고소득을 올리고 있다. 농촌의 비닐하우스에는 발광 다이오드LED를 활용해 다양한 색깔의 컬러 농업도 행해진다.

미국 컬럼비아대학의 딕슨 데포미어Dickson Despommier 교수가 제시한대로 식량 부족, 물 부족, 식품 안전에 대비해 공장형 수직농장vertical farm도 추진되고 있다. 농작물과 자생식물을 이용한 식의약 소재로서의 농업도 활발히 전개되는 등 농업의 변화는 생각과 상상을 초월하여 전방위로 일어나고 있다.

미래학자 제롬 글렌Jerome Glenn은 식량 부족, 에너지 부족, 환경오염 등에서 겪는 모든 문제를 나노기술, 생명공학과 같은 기술 발전을 통해 근본적으로 해결할 수 있다고 보았다. 농업 분야의 정보기술은 생산, 유통, 소비 등 전방위로 다양하게 활용되고 있다.

농업의 영역과 범위는 비농업 분야에서도 광범위하게 나타난다. 생산 중심의 먹는 농업에서 도시 농업, 기능성 농업, 치유 농업, 신소재 농업, 첨단과학과 기술 농업, 신농업 시대로 발전한다. 도시 농업으로 도시 아파트의 식물 재배, 베란다 화초 재배, 도심 텃밭, 빌딩 농장 등 '도시 농업'이 도시인들의 생활에 깊숙이 자리 잡고 있다.

이러한 변화는 농업의 역할 변화와 연계되어 도농 간 균형 발전 전략으로도 활용할 수 있다. 이미 농업은 '먹는 농업'에서 '보는 농업', '치료하는 농업', '생활 농업', '융복합 농업'으로 변화하고 있고, 저탄소 녹색성장의 핵심 산업으로도 부각되고 있다.

4

도시 농업의 시대가 열리다

고령화 사회에 접어들면서 점차 노인들의 건강에 관심이 높아지는 추세이다. 농작물을 이용한 다양한 건강 기능성 식품과 의약품이 만들어지고 있다. 무선인식기술RFID이 농축산물 이력 추적제, 원산지 표시제 등에 활용되고 있다. 세포공학 기술로 생산하는 배양육培養肉, in-vitro meat의 상용화도 조만간 이루어질 전망이다. 미래학자들은 곤충이나 해조류가 20년 뒤 우리 식탁의 주 메뉴가 될 것으로 예측한다.

기후변화를 고부가 가치 기후 산업으로 응용하는 것도 농업 분야다. 기후변화를 신품종을 개발하거나 재배 방식 변화, 출하 시기 조절, 병해충 방제 등 다양한 기회 요인으로 활용하고 있다. 이미 오래 전부터 INBEC 기술, 즉 정보기술IT, 나노기술NT, 생명공학 기술BT, 환경 기술ET, 문화 기술CT 등이 농업 분야에 응용되고 있다.

이제는 컴퓨터로 온도와 습도를 자동 조절하는 수직형 빌딩 농장

vertical farm, 바닷물로 농사짓는 해수 농업seawater agriculture, 대체 에너지원으로 주목받는 미세조류micro-algae도 등장할 전망이다. 머지않아 도심 식물공장으로 출퇴근하는 농민, 사무실에서 컴퓨터로 하는 정밀 농업이 이루어질 것이다.

바이오 생명산업 기술이 농업과 식품 분야와 접목하여 이루어낼 부가가치는 상상을 초월한다. 농업 분야에서 첨단기술의 본격적 활용을 통한 '융복합 농업 시대'가 이미 우리 곁에 가까이 와 있다.

창의적인 인재 육성 노력 뒤따라야

농업 분야에서 새로운 미래의 꽃을 피워야 한다. 이를 위해서는 우리에게 익숙한 과거의 관행과 의식에서 과감하게 탈피해야 한다. 빌 게이츠는 '누군가를 따라가지 않는 경제'가 바로 창조 경제라고 했다. 한국 농업도 미국, 유럽연합 등 선진국 정책을 무작정 따라가는 것에서 탈피할 필요가 있다. 이제는 우리 실정에 알맞은 독창적인 모델을 구축해야 한다. 끊임없이 변하는 글로벌 시대에는 기존 정책과 제도, 인식, 개별 사업 중심의 정책을 과감하게 혁신해야 한다.

신新농업은 1차, 2차, 3차 산업이 합쳐진 6차 산업이자 관광, 오락, 휴양, 생태가 가미된 복합 산업이다. 정보, 생명공학, 나노기술이 응용되어 신소재나 건강 기능성 식품, 첨단 의약품 소재를 만들어 낸

—— 2017년 4월 11일 열린 제3회 도시농업의 날 기념 및 국회 상생텃밭 개장식에서 김재수 장관이 정세균 국회의장과 함께 국회 텃밭에 모종 심기를 하고 있다.

다. 신농업의 핵심은 과학기술의 발전과 아이디어의 융복합이다. 각종 농업 유전자원, 과학기술, 정보통신, 농촌 자원 등을 융복합하여 새로운 가치를 창출해야 한다.

전통적인 '먹는 농업'에서 벗어나 '보는 농업', '관광 농업', '의료 농업', '생명 농업', '신소재 농업' 등으로 발전해야 미래가 있다. 이를 위해서는 무엇보다도 창의적인 인재 육성과 역량 결집이 필요하다. 미래 농업은 아무도 가보지 않은 길이고, 익숙한 로드맵도 없다. 그렇다고 하더라도 실패를 두려워하지 않는 창조적 인력을 육성하여 새로운 인식으로 신농업 시대를 열어가도록 해야 한다.

Chapter 04
선진국으로가는 길

1

혁신을 실천한 지도자들

우리는 거의 매일 크고 작은 위기와 직면한다. 그렇다면 국가적 위기는 어떻게 대응하고 해결할 것인가? 적절한 대응방안을 마련하는 게 쉽지 않다. 우선 정치, 경제, 사회, 교육 등 전 분야에 걸쳐 대한민국을 대대적으로 혁신할 필요가 있다. 혁신 국가를 만들기 위해서는 혁신 모델을 마련하는 게 우선 중요하다고 생각할 것이다. 하지만 그보다는 혁신 의지와 능력을 가진 지도자를 찾는 게 더 중요하다. 지도자의 혁신 인식과 비전이 무엇보다 중요하기 때문이다.

지도자는 국가적 과제를 관철시키려는 열정과 노력을 갖고 있어야 한다. 우리에게는 왜 국가적 과제를 해결하고 국민의 존경을 받는 혁신적인 지도자가 없을까? 지금 당장 혁신적인 지도자가 없다면 시간을 가지고 그런 지도자를 키워내야 한다. 그것이 바로 우리 기성세대의 소명이기도 하다. 그래야 국가에 미래가 있다. 그리고 미래가 있어야 청년들이 자신이 사는 대한민국을 사랑하고 아끼게 될 것이다.

우리 청년들 입에서 더 이상 '헬 조선'이란 말이 나오지 않도록 해 주어야 한다. 내가 그동안 생각해 온 내용을 중심으로 여러 모델을 연구해 보았다. 내가 연구하고 접촉한 사람 가운데 혁신적인 지도자를 꼽으라면 시몬 페레스Shimon Peres 전 이스라엘 대통령과 미국의 찰스 랭글Charles Rangel 하원의원, 중국의 마윈馬雲 알리바바 회장 등이 돋보였다.

시몬 페레스 전 대통령

세계적인 1등 혁신국가를 만든 이스라엘의 경우를 예로 보자. 그동안 이스라엘의 발전된 농업에 대해 연구해 보고, 주한 이스라엘 대사를 만나 이야기를 나누면서 이스라엘의 혁신국가 전략에 대해 들을 기회가 있었다. 이스라엘의 국가 발전 전략의 중심에는 바로 이스라엘 대통령이 서 있음을 알 수 있었다. 이스라엘에서 혁신 국가를 이끈 장본인은 바로 고故 시몬 페레스 대통령이다.

페레스 대통령은 약관 25세에 이스라엘의 초대 수상이었던 벤 구리온의 보좌관으로 정치를 시작하였다. 이후 70년 간 국가에 봉사하다가 2016년에 향년 93세로 서거하였다. 장관으로 10번, 총리로 3번 재임했다. 2007년에는 나이 83세에 국회의 추대를 받아 대통령으로 취임해 92세까지 재임한 분이다. 숨을 거두기 직전까지 책을 쓰는데 몰두했고, 탈고 1주일 뒤 세상을 떠났다.

시몬 페레스 대통령은 주변 아랍국들의 끊임없는 안보 위협 속에서 과학과 기술을 발전시키고 창업을 강조하고 혁신을 추진하였다. 그가 실행한 위기관리의 핵심 메시지는 '도전'과 '혁신', 그리고 '미래'이다. 평생 도전을 즐기고 끊임없이 혁신하였으며 미래를 즐기는 삶을 살았다. 실패하기도 했으나 끊임없이 도전했다. 그의 열정과 봉사 정신은 혁신을 실천하려는 사람들에게는 너무도 훌륭한 모범이다.

시몬 페레스 대통령은 과학 입국, 과학 농업을 강조하였다. 한마디로 국가를 벤처기업을 경영하는 자세로 이끈 것이다. 총리 재임 시에는 연 400%의 인플레이션을 잡기 위해 경제 체질을 개선하고, 노사정 협의, 임금 동결, 경제 불평등 해소를 위한 노력을 혁신적으로 추진해 성공시켰다.

무기를 공급하던 프랑스가 갑자기 돌아서고, 영국이 무기 판매를 취소하는 등 나라의 안보가 큰 위협에 처했을 때는 그 위기를 자국의 군수산업을 키우는 기회로 삼는 놀라운 혜안을 발휘했다. 이스라엘의 안보 우방이던 영국, 프랑스, 미국 등과 마찰을 겪으면서 그는 이런 결론을 내렸다. '우리나라의 안보를 외국 정부의 손에 의존하면 결국 우리는 변화하는 세계 정치 흐름의 인질이 될 수밖에 없다.'

지금 우리 주변의 안보 상황을 둘러보면 당시 이스라엘이 처한 상황과 흡사하다는 생각을 하게 된다. 시몬 페레스는 위기의 이스라엘을 이끌며 끊임없이 혁신하는 노력, 나노 기술의 전도사, 평화를 향한 열정과 양보의 리더십을 보여주었다. 자신의 과거 기억보다 미래를 강조하였고, 미래를 과학의 눈으로 보았다. 도전과 혁신과 미래를 강조하는 시몬 페레스 대통령은 위기에 놓인 이스라엘을 성공적으로 이끈 지도자였다.

혁신 국가 건설을 내세운 시몬 페레스 대통령은 농업을 보는 남다른 눈을 갖고 있었다. '농업은 95%가 과학이고 5%만 노동이다.'고 한 그의 말은 농업을 농사로 인식하지 않고 과학과 기술로 보았다는 뜻이다. 내가 평생 동안 좌우명으로 삼고 싶은 말이기도 하다. 이스라엘의 창의성, 열정, 역경을 이긴 정신이 바로 이 짧은 한마디에 담겨있다.

이러한 인식을 토대로 기술 혁신과 연구 개발을 강조해 온 이스라엘 농업은 많은 성공 스토리를 만들어 냈다. 정부와 연구기관과 농민이 함께 연구하여 사막의 알칼리성 토양에 잘 자랄 수 있는 오렌지를 개발했고, 전국적으로 400킬로미터에 이르는 수로를 건설해 물 문제를 해결했다.

이스라엘 사람들은 '이전의 일을 기억하지 말라.'는 성경 말씀을 토대로 새로운 희망으로 미래를 개척해 나가자는 불굴의 정신을 길렀다. 그런 정신을 바탕으로 '토라Tora 농법'을 실천했다. '토라'는 '말씀' 이란 뜻의 히브리어이다. 말씀 농법을 개발하여 식량 문제를 해결하고 수출까지 하게 된 것이다. 불가능은 없다는 정신을 실천한 농업이 바로 이스라엘 농업이라고 할 수 있다.

지금은 토지의 중요성은 점차 줄고 과학의 중요성이 지속적으로 커지는 시대이다. 이스라엘인들은 과학은 탱크로 정복할 수 없고, 전투기로도 지켜낼 수 없다고 강조한다. 시몬 페레스 대통령이 꿈꾸던 나라는 땅을 개간하고, 농작물을 키우며 새로운 공동체를 만드는 것이었다. 이것이 키부츠kibbutz라는 이스라엘의 집단농업 공동체이다. 키부츠에서는 구성원들이 모든 재산을 공유하며, 필요한 것을 제한 없이 제공하는 공동체이다. 키부츠에서 많은 이스라엘 지도자들이 배출되었다. 이스라엘 건국 초기 정부 지도자들 대부분이 키부츠 출신이라고 한다.

나는 1990년대 초반 프랑스 파리에 있는 OECD에서 근무했다. 그 때 농산물 시장을 관심 있게 관찰하였는데 도매시장에서 이스라엘 산딸기를 맛있게 먹은 기억이 있다. 유럽 농산물 시장에는 이스라엘에서 수출하는 농산물이 많다.

시몬 페레스 대통령의 저서 『작은 꿈을 위한 방은 없다』No Room for Small Dreams: Courage, Imagination, and the Making of Modern Israel는 21세기 이스라엘이 이룬 경제 성장의 비밀을 다루고, 그들이 달성한 경제 기

적의 과정을 상세히 다루고 있다. 도전과 창조정신을 강조하는 이 책은 오늘 우리나라의 농업 발전에도 폭넓게 적용될 수 있을 것으로 생각한다. 윤종록 전 미래창조과학부 차관이 책을 번역하였다.

찰스 랭글 하원의원

글로벌 시대의 혁신 지도자를 말하면 미국의 연방 하원의원인 찰스 랭글Charles Rangel 의원을 떠올리지 않을 수 없다. 한국전쟁 참전용사로 대표적인 친한파 의원이다. 2016년 5월 박근혜 대통령이 미국 미국상하원 합동연설에서 그의 이름을 직접 호명하며 감사의 뜻을 전했던 원로 정치인이기도 하다.

랭글 의원은 뉴욕시 할렘가의 가난한 집에서 태어나 구두닦이를 하면서 어려운 어린 시절을 보냈다. 20세 때인 1950년에 한국전쟁에 참가하였고 전투에서 많은 공을 세워 무공훈장을 받았다. 한국전쟁 후 로스쿨을 졸업하고 변호사로 가난한 서민과 흑인 등 사회적 약자를 보호하는 일에 힘썼다. 이후 정계에 진출해서 하원 세입위원장 등 요직을 경험한 23선의 하원의원이다. 40년 정치 원로이나 불법 도로점거 시위로 경찰관에 의해 연행되어 가는 모습이 인상 깊었던 기억이 있다.

나는 aT 사장 때 우리 식품의 미국 수출을 촉진시키기 위해 뉴욕

시내 한복판에서 행사를 하면서 그를 초청한 적이 있다. 한국 음식을 좋아하였는데, 특히 한국산 배를 좋아했다. 우리나라와 미국과의 농산물 교역 확대, 한미 간 외교관계 증진, 한미 FTA 등 여러 분야에서 많은 공로가 있었다며 나에게 기념패를 주기도 했다. 무엇보다도 2013년 12월 23일을 '김재수의 날'로 지정해 나를 격려해 주신 분이기도 하다.

한미 FTA 협상이 교착상태에 있을 때 서울을 방문한 그를 만나 여러 가지 자문을 구하기도 했다. 나는 당시 찰스 랭글 의원의 혁신과 열정, 애국심, 한국 사랑에 많은 감명을 받았다.

중국 혁신의 아이콘 마윈

도전과 모험, 혁신을 이끈 지도자로 중국의 마윈 회장을 꼽지 않을 수가 없다. 세계 최대 온라인 그룹 알리바바의 창업주로 중국 최고의 부자이다. 나는 aT 사장 시절 마윈 회장과 접촉하여 양해각서MOU를 체결하였고, 2015년 5월 마윈 회장을 서울 양재동 aT 센터로 초청해서 B2C 분야인 알리바바 티몰T-mall 한국 상품관 개통식을 하였다.

개통식에서 직접 만난 마윈 회장은 매우 인상적인 인물이었다. 겸손함이 몸에 배여 있고, 대화를 하면서 소탈하다는 느낌을 많이 받았다. 사람들이 몰려들어 명함을 내밀어도 귀찮아하지 않고 다 받아주었다. 마윈 회장은 중국 항저우 시골에서 태어났으며 부모님은 평범한 민속 음악가였다. 대학 졸업 후 영어강사 생활을 했는데 우수 강사로 인정받았다고 한다. 그러다 30세의 나이에 인터넷 기업이라는 새로운 세계에 뛰어들어 지금의 알리바바를 일구었다.

마윈의 성공 요인은 도전과 혁신, 그리고 모험정신이라는 세 가지로 요약할 수 있다. 마윈은 IT 기반이 척박한 중국에서 전자상거래라는 틈새시장을 공략하였다. 남들이 다 가는 안전한 길 대신 새로운 가능성을 보고 모험을 한 것이다. 마윈은 평소 청년들에게 '중소기업에서 일하라.'는 말을 강조했다. '20대는 중소기업에서 일하라. 대기업에서는 프로세스만 배우지만 중소기업에 가면 꿈과 열정을 배울 수 있다.'고 한 마윈의 말은 많은 젊은이들에게 긍정적인 충격을 불어넣어 주었다.

우리나라 중소기업 경영자들을 만나 보면 하나같이 현장에 인력이 부족하다고 호소한다. 많은 청년들이 취업하기가 어렵다고 하면서도 중소기업에는 선뜻 오려고 하지 않는다고 한다. 급여, 복지 등 여러 이유로 대기업을 선호하는 것이다. 하지만 중소기업도 좋은 직장이다. 중소기업에서 미래의 블루오션을 개척할 기회를 가질 수 있다.

마윈의 도전과 혁신, 겸손, 중소기업을 중시하는 자세 등을 보고 나도 많은 힘을 얻었다. 도전하자, 혁신하자, 그리고 열정을 가지고 하면 이루지 못할 꿈이 없다.

2

'위국진충'(爲國盡忠),
바람직한 공직자의 자세

장관 퇴임 후 나의 머릿속에 떠나지 않는 한 가지 숙제가 있다. 그것은 바로 국가를 위해 40년을 일해 온 내가 어떤 형태로든지 국가에 도움 되는 일을 해야 한다는 과제이다. 그것은 내 안에 책임의식처럼 무거운 짐으로 자리하고 있다.

나는 대한민국을 사랑한다. 스스로 국가에 대한 충성심이 강한 애국자라고 자부한다. 나의 좌우명도 '나라를 위해 충성을 다하라.'는 뜻의 '위국진충'爲國盡忠이다. '학우즉사 위국진충'學優則仕 爲國盡忠, 즉 '학문이 넉넉하면 벼슬길에 올라 나라를 위하라.'는 사자소학四字小學의 문구에서 따온 말이다.

오래 전 아내는 나를 '공직자로서는 백점, 남편으로서는 빵점'이라고 평가한 적이 있다. 나라를 사랑하는 만큼 아내를 챙겼더라면 남편으로서의 점수가 아마 50점은 넘겼을 것이다. 미국의 존 F. 케네디 대통령은 '국가가 여러분을 위해 무엇을 할 수 있는지 묻지 말고, 여러분이 국가를 위해 무엇을 할 수 있을지 스스로 물어보라.'고 했다.

모두 더 크고 더 담대한 꿈을 꾸어야 한다. 어느 한 쪽의 일방통행만 반복된다면 국가나 국민 모두에게 불행한 일이다. 국민들에게 무조건적인 희생과 인내를 요구해서도 안 되고, 국가 예산을 선심성으로 퍼주기 해서도 안 된다. 우리 세대는 국가적으로 큰 고비를 많이 겪었고, 온 국민이 똘똘 뭉쳐 어려움을 극복하면서 애국심, 애향심이 저절로 생겨났다.

하지만 지금은 시대가 달라졌다. '세상에 공짜는 없다.'는 말이 있다. 애국심도 저절로 생길 것이라고 착각해서는 안 된다. 한평생 힘들게 살아 온 노인 세대, 사회에 나가기도 전에 취업으로 어려움을 겪는 청년 세대 등, 정부는 이들 모두를 따뜻하게 보살펴야 한다. 사랑하는 나의 조국, 대한민국을 창의와 혁신과 열정이 넘치는 나라로 만드는 것이 나의 소망이다.

공직자는 민심을 제대로 살펴야

나라의 총체적 위기 상황과 다가올 위기를 예상하면서 공직자의 사명을 생각한다. 부정부패를 저지르지 말아야 함은 당연하다. 나라의 미래를 걱정하고 대안을 마련해야 한다. 행동하는 사명감도 가져야 한다. 우리 선조들의 처신도 생각했다.

조선시대 최고의 실학자로 꼽히는 다산 정약용은 저서『목민심서』에서 '나라를 망하게 하는 것은 외침外侵이 아니라 공직자의 부정부패에 의한 민심 이반離反이다.'고 하면서 공직자의 민심 파악을 강조했다. 요즈음 말로 여론 파악의 중요성을 설파한 것이다. 그런 노력을 바탕으로 여론에 반하는 정책을 추진해서는 안 되는 것이다.

다산은『목민심서』에서 또한 '백성을 사랑하는 근본은 재물을 절약해 쓰는 데 있고, 절용하는 근본은 검소한 데 있다.'고 하였다. 국가재정을 어떻게 사용해야 하는지를 나타내 주는 말이다. 문재인 정부에서 행해지는 퍼주기 일변도의 정책 운용은 참으로 심각한 우려를 자아내게 한다. 다산의 가르침을 지도자가 한 번 더 새겨들었으면 좋겠다.

그리고 공직자는 검소해야 한다. 다산은 '검소해야 청렴할 수 있고, 청렴해야 백성을 사랑할 수 있다. 그러므로 검소함은 목민관이 된 자가 가장 먼저 힘써야 할 덕목이다.'고 했다. 공직자의 자세를 일깨우는 수많은 금언金言 중에서도 단연 가슴에 와닿는 말이다.

이처럼 다산 정약용은 늘 백성 편에 선 목민관이었다. 훗날 그가 역모를 했다는 누명을 썼을 때, 반대파인 노론 벽파도 백성들의 반발을 우려해 그를 죽이지 못하고 강진으로 유배를 보내는 것에 그칠 정도였다. 정약용은 치열한 당쟁에 휘말려 결국 18년간 귀양살이를 했다. 형제들도 참수당하거나 유배지에서 숨을 거두었다.

자신과 형제들에게 닥친 시련에도 정약용은 '백성을 위해 나라가 있다.'는 믿음을 끝까지 버리지 않았다. 그리고 토지는 사대부가 아니라 농사짓는 백성에게 돌아가야 한다고 주장했다. 신분과 지역 차별을 없애고 재능 있는 사람을 우대해야 사회가 발전한다고 믿었다. 그때 정약용의 개혁안이 받아들여졌더라면 우리 역사는 많이 달라지지 않았을까 하는 생각을 지울 수가 없다.

문재인 정부가 들어서고 나서 악화되는 위기 상황을 과거의 잘못된 행태가 바로잡혀가는 과정이라고 주장하는 사람들도 있다. 가만 내버려 두면 더 악화될 것을 이 정부가 정책을 추진하여 그나마 이 정도라고 강변하기도 한다. 하지만 이는 잘못되어도 한참 잘못된 주장이다. 동서고금을 막론하고 급격한 개혁은 대부분 실패하였다. 그리고 실패한 개혁은 반드시 보복의 악순환을 가져온다.

임기가 정해져 있지 않은 왕조시대에도 개혁을 성공적으로 이룬 경우는 드물다. 조광조의 개혁, 김옥균의 개혁 등 급격하게 현실을 바꾸려다 실패한 많은 역사를 우리는 생생하게 기억한다. 52년을 왕위에 있었고, 탕평책, 균역법 등 많은 제도 개선을 한 영조대왕도 퇴임하자 바로 위기가 찾아왔다. 하물며 지금은 5년 임기의 단임 정부이다. 대통령이 재임 중에 혼자서 많은 일을 바로잡고, 모두 뒤엎겠다는 생각은 너무도 위험하다.

3

혁신을 위한 몸부림, 나의 공직 40년

나는 1977년 제21회 행정고시를 거쳐 공무원이 되었다. 군복무를 마치고 1982년 8월 농림부로 발령을 받았다. 농업 분야보다는 '더 큰 물'에서 놀아야 한다면서 타 부처로 가라고 권하는 분들도 있었다. 내 생각은 달랐다. 공직자로 가장 중요한 것은 마음가짐이다. 나는 산간 오지 마을에서 농사로 살아가는 농업인을 보고 살았다. 나의 어린 시절과 나의 고향이 잊히지 않았다. 나의 일가친척이 주로 농사를 짓고 살았다.

농업을 발전시키는 데 힘을 보태자. 내 나름대로 농촌을 발전시키는 데 역할을 하자는 생각을 가졌다. 농촌도 열심히 하면 얼마든지 전국 1등을 할 수 있다는 생각도 들었다. 우물 안 개구리 같은 생각이라고 할지는 모르나 그게 당시 나의 믿음이었다. 참 겁도 없이 용감하게 일했다.

유통경제 통계관실로 발령을 받아 농산물 생산비와 유통통계를 담당하였다. 쌀의 수매가를 결정하는 요인 중 하나가 쌀 생산비이다. 당시 재정 여건상 쌀 수매가격을 올려 주지 못하였다. 재정 당국은 쌀 생산비가 상승하지 않았기 때문에 수매가격을 올려주지 못했다는 궁색한 소리를 하였다.

'쌀 생산비가 올랐다.', '아니다.', '현장을 확인하자.'는 등 많은 논란이 벌어지자 국회의원들이 직접 현장을 방문하고 생산비 조사 장부를 확인하는 일까지 벌어졌다. 담당 사무관이 잘못하여 쌀 수매가를 올려주지 못했다면서 징계해야 한다는 소리도 나왔다. 당시 소동으로 생산비 조사 등 유통 관련 업무는 크게 발전되었다.

기획예산 담당관실에서 사무관으로 근무하던 시절이다. 눈 오는 1월 어느 날 늦은 밤이었다. 대통령에게 보고할 자료를 최종 마무리하여 인쇄소에서 나오다 눈에 미끄러져 넘어졌다. 미끄러지면서도 대통령 보고 자료에 눈이 묻어 젖지 않도록 품에 안고 눈 속을 뒹굴었다. 같이 오던 직원이 '김 사무관님은 정말 크게 될 사람입니다.'며 농담 삼아 말했다. 자기 몸보다 대통령 보고 자료가 더 중요하다고 생각한 시절이었다.

국비장학생으로 선발되어 미국 미시간 주립대학에서 유학하고 돌아왔다. 유통과로 발령받아 종합적인 농산물 유통개선 대책을 수립하였다. 사무관 시절은 미숙하였으나 열심히 일했다. 맡은 일에 겁이 없었고 신나게 일했다.

과장, 국장, 실장, 청장, 차관, 장관으로 40년의 세월이 지났다. 파동과 위기로 이어진 지난 세월이다. 위기가 올 때는 빨리 그 자리를 벗어나고 싶은 마음이 간절했다. 새로운 자리에 가면 어려움이 없을 것으로 생각했다. 그러나 가는 곳마다 파동과 위기가 기다리고 있었다. 1980년대와 1990년대, 2000년대를 생각해 보니 과도기였고 격변의 시기였다. 40여년의 시간을 공공 부문에서 일하고 퇴직하니 공직자의 중요성을 새삼 실감하게 된다.

9개 과장, 7개의 국장 직위를 거치다

1990년 12월 과장으로 승진하여 농어촌 복지담당관, 통상협력 1담당관, OECD파견, 행정관리 담당관, 시장과장, 국제협력과장, 유통정책과장, 식량정책과장, 농업정책과장을 거쳤다. 9개의 과장 직위를 거친 것이니 아마 농림부 역사상 가장 많은 과장 직위를 한 사람일 것이다.

초임 과장으로 농어촌 복지담당관 시절에 이경해 농어민후계자협의회장이 제네바 현지에서 자살을 시도한 사건이 있었다. 수습에 큰 어려움을 겪었다. 시장과장으로 근무하면서 농안법농산물 유통 및 가격안정에 관한 법률 파동을 마무리했다. 당시 농안법을 잘못 개정하여 서울

가락동 도매시장 등 전국의 도매시장이 마비되어 사회적으로 큰 혼란을 가져왔다.

유통과장으로 무, 배추 등 농산물 가격 파동을 겪었고, IMF 사태로 심각해진 농산물 수급 파동을 수습하였다. 국제협력과장으로 우루과이 라운드 협상과 쌀시장 개방 파동을 겪었으며 3개월 만에 장관이 경질된 UR협정 이행계획서CS 파동을 수습하였다. 식량정책과장을 거쳐 농업정책과장을 하면서 45조 규모의 농업, 농촌 투융자계획을 수립하였다. UR협상 타결에 대응하여 농업 구조조정과 경쟁력 제고를 위해서였다. 농업정책과장 시절에는 농축협 통합 개혁단장을 맡아 농협과 축협의 통합을 추진하였다.

1999년 7월, 국장으로 승진하여 종자관리소장을 맡았다. 당시 종자관리소는 농촌진흥청 산하로 되어 있어 많은 농촌진흥청 직원들과 교류하였다. 중앙공무원교육원, 농업정보통계관, 농산물 유통국장, 주미 한국대사관 농무관, 농업공무원교육원장, 농산물품질관리원장을 거쳐 2008년 3월 기획조정실장으로 승진하였다. 돌아보니 7개의 국장 자리를 거쳤다.

농산물 유통국장 시절에 한중 마늘협상 파동이 일어났다. 국내 마늘 농가를 보호하기 위한 고율 관세 부과에 불만을 품은 중국의 반발 조치로 큰 혼란을 야기한 파동이었다. 긴급 관세 추가 연장 문제로 옥신각신하다가 마늘 파동이 터졌다. 한중 마늘협상 파동으로 농림부 차관과 청와대 경제수석이 경질되는 등 큰 어려움이 있었다.

워싱턴 DC에 있는 주미 한국대사관에서 농무관으로 근무할 시절에 미국산 소고기 광우병 사건이 터졌다. 미국 소고기 광우병 사태를 발생 초기부터 지켜보았다. 많은 우여곡절이 있었다. 노무현 대통령이 시작한 한미 FTA도 어렵게 진행되었다. 2004년 유예기간이 도래한 쌀 관세화 문제를 협상하면서 애로가 많았다. 한미 간 쌀, 소고기 등 현안이 너무 많았다. 농림부 기획조정실장으로 한미 소고기 협상 파동, 한미 FTA, 한중 FTA 등 자유무역협정 체결과 후속조치를 지원하였다.

2009년 1월 21일 농림부 기획조정실장에서 농촌진흥청장으로 승진하였다. 농촌진흥청을 혁신하고자 몸을 던져 일했다. 조직과 기능을 전방위로 개편하고 일하는 방식을 개편했다. 1년 만에 폐지 대상 부처를 1등으로 만들었다. 내가 농업 분야에서 승진하고 자리를 이동할 때마다 언론에서는 '기획력과 아이디어가 풍부하며 추진력이 강하다.'는 평가가 나왔다.

지나간 40년을 보면 평탄한 꽃길만 걸어간 것은 아니었다. 파동과 위기가 많았고. 남들이 알지 못하는 고통이 있었으나 나는 끝까지 좌절하지 않았다.

농촌진흥청 폐지 위기를 기회로 만들다

이명박 정부 시절이었다. 2009년 1월 21일 농림부 기획조정실장에서 농촌진흥청장으로 발령이 났다. 부임하자마자 엄청난 과제가 앞에 놓여 있었다. 농촌진흥청이 폐지 위기에 직면해 있었기 때문이다. 부임 1년 전인 2008년 1월 16일, 이명박 당선자의 대통령직 인수위원회는 농촌진흥청이 연구 성과가 미미하고 기술 진보 속도에 뒤쳐진다는 이유로 폐지 계획을 발표했다.

이명박 정부가 들어서 정부 조직과 기능 전반에 다양한 개편안이 논의될 때였다. 원래는 농촌진흥청을 폐지하겠다는 것이 아니었다. 대폭적인 변화를 통해 새로운 여건 변화에 대응토록 하고자 했던 것이 당선자 비서실, 대통령인수위원회 등을 거치면서 폐지하기로 결정이 난 것이었다.

'아무리 그래도 그렇지, 농촌진흥청을 폐지하겠다는 게 말이 되나?' 농촌진흥청을 폐지하고, 기능을 전면 개편한다는 내용의 계획안은 농업인은 물론 농업인 단체, 학계와 온 농촌을 들끓게 만들었다. 농업 분야가 유사 이래 겪어 보지 못한 위기였다. 조직 전체가 엄청난 충격과 위기 속에 빠졌다. 분위기가 처지고 직원들의 사기는 바닥에 떨어져 있었다.

농촌진흥청은 그야말로 우리 농업의 역사이다. 기술 개발의 산실

이요, 농민의 보금자리이며 마음의 고향이다. 농촌진흥청은 1962년 박정희 대통령(당시 국가재건최고회의 의장)이 설립한 기관이다. 농업 연구와 기술을 개발하고, 개발된 기술을 농촌에 보급하는 국내 유일의 농업 기술 연구기관이었다. 통일벼 개발과 식량자급 등 많은 성과도 내었다.

그러나 다수의 국민들은 농촌진흥청이 무슨 일을 하는지, 그동안 어떤 성과가 있었는지, 왜 필요한 곳인지에 대해 제대로 알지 못하는 상황이었다. 연구 중심 기관이다 보니 연구 성과를 제대로 홍보하지 못한 측면도 있었다. 농촌진흥청 자체의 문제점과 부족한 점도 분명히 있었다. 반성도 하면서 위기 극복을 위한 전방위 노력에 나섰다.

우선 농촌진흥청의 조직과 기능을 획기적으로 개편하고 새롭게 도약하고자 농촌진흥청 본청 산하 소속 기관을 9개에서 5개로 줄였다. 정원을 2,141명에서 1,843명으로 대폭 축소시켰다. 이명박 정부 초대 농촌진흥청장이었던 이수화 청장이 기본적인 개편 방향은 이미 잡아 놓은 상태였다. 나는 실행계획과 후속조치를 차질 없이 추진하였다. 청장으로 재임한 1년 8개월이 언제 지나갔는지도 모를 정도로 대폭적인 혁신을 하였다.

조직 개편에서 가장 역점을 둔 것은 농촌진흥청 연구 결과의 실용화를 강화하는 작업이었다. 농촌진흥청은 연구는 많이 하는데 연구 결과를 실용화하는 비율이 낮다는 지적이 많았다. 그렇게 된 데는 여러 가지 이유가 있었다. 기초연구도 중요하나 실제로는 실용화가 더 중요하다.

여러 대안을 검토하고 수많은 회의와 토론을 거쳐 2009년 9월 7일 농업기술실용화재단을 설립하였다. 중앙대학교 윤석원 교수, 한성대학교 이창원 교수의 도움이 컸다. 윤석원 교수는 농업 경제학자이면서도 농민 단체와 교류가 많은 분이다. 개인적으로 나의 중앙대학교 박사학위 논문의 지도교수이기도 하다.

농업연구실용화재단은 이명박 정부 최초의 국가기능 법인화 전환 사례이기도 하다. 농업기술실용화재단은 설립한 지 얼마 되지 않았으나 많은 성과를 내었고, 2013년 기획재정부의 재정사업평가에서도 매우 우수한 사업으로 평가받았다. 당시 재단 설립을 실무적으로 총괄 지휘한 박철웅 국장이 현재 실용화재단의 이사장이다.

해외에 코피아 센터 설치

내가 농촌진흥청에서 역점을 두고 추진한 사업 가운데 하나가 코피아KOPIA, Korea Program on International Agriculture 사업이다. 코피아는 해외 농업기술 개발 사업이다. 우리 농업기술은 이제 세계적 수준에 도달해 있다. 우리의 앞선 농업기술을 우리보다 뒤떨어진 후진국에 보급시켜야 하는 의무를 지고 있는 것이다. 후진국에 우리 농업기술을 접목하고, 그들에게 부족한 점을 보완해 주면 우리의 국격도 높일 수 있다.

기술 보급 방식은 국가별 맞춤형 기술 형태로 하도록 하였다. 과거 농림부 국제농업국과 해외농무관 근무 경험을 적극 활용하였다. 코피아 센터의 설립에 필요한 예산과 인력을 확보하여 2009년 5개국에 코피아 센터를 설치하였다. 이제는 아시아, 아프리카, 남미 등 전 세계에 걸쳐 21개소로 늘어났다. 농업 부문뿐만 아니라 대한민국 전체의 자랑거리라고 자부한다. 이낙연 국무총리가 아프리카 케냐의 코피아 센터를 방문한 사진을 보았다. 무척 기쁘고 감회가 새로웠다. 역사는 이렇게 이루어지는 것이다.

코피아 센터의 활동은 '베푸는 한류의 시동'이라고 나의 고교 스승이신 이도수 교수는 말한다. 이도수 교수는 기술 전수 등으로 베푸는 한류에 시동을 건 대표적인 예가 내가 농촌진흥청장으로 있을 때인 2010년 아프리카 케냐의 해외농업기술센터KOPIA에 봉사요원들을 파견하여 도움을 준 일이었다고 했다. 케냐는 1950년대에 한국과 나란히 세계 최빈국 대열에 끼어 있던 나라이다. 한국이 전쟁을 치르고도 세계 경제대국으로 부상했는데 당시 케냐는 여전히 60년 전과 똑 같은 최빈국 대열에서 벗어나지 못하고 있어 안타까웠다.

케냐는 여러 국제기구로부터 꾸준히 원조를 받아 왔음에도 최빈국 신세를 면치 못하고 있었는데, 선진국들이 기술 전파를 통해 이 나라가 스스로 일어서도록 도와주기보다 일방적인 원조만 계속하다 보니 이들이 의존적인 국민으로 전락하는 결과를 만들었다. 우리나라는 당시 이들에게 농업기술을 전수해 자활능력을 길러주는 데 치중하는 원조 정책을 폈다.

우리나라의 농촌에서 사라진 지 오래된 재래식 탈곡기를 케냐에 갖고 가서 탈곡 시범을 보였는데 케냐인들은 그 기계의 놀라운 효율성을 보고 감탄을 금치 못했다. 케냐의 성공 사례를 보고 우리는 원조사업이 방향을 제대로 잡았다는 확신을 갖게 되어 이 사업을 아프리카의 다른 수십 개국으로 확대 실시할 채비를 갖추었다.

코피아 센터를 중심으로 개발도상국의 농업 발전을 지원하고 우리의 국격을 높이기 위해 대륙별 농식품기술협력협의체를 만들었다. 아시아 여러 나라를 중심으로 한 아시아 농식품기술협력협의체를 아파시AFACI라 하고, 아프리카 여러 나라 협의체를 카파시KAFACI로 불렀다. 이들 조직은 지구촌을 무대로 다양한 활동을 전개하였다. 이들 국가로부터 연수생들을 초청하여 훈련과 교육을 실시하였다. 서울의 조선호텔에서 각국 농업연구청장을 초청한 행사도 개최하고, 필리핀에서 제1차 아시아 지역회의를 개최하였다.

농업 녹색성장 추진

조직개편을 마무리하면서 연구 방향을 새로 정립할 필요성을 느꼈다. 이명박 정부가 녹색성장Green Growth을 국제적 어젠다로 추진해 나갈 때였다. 우리도 '농업 녹색성장' 대책을 중점 추진하는 쪽으로 방향을 잡았다. 이미 녹색혁명Green Revolution을 성공시킨 경험도 축적되어 있었다. 농촌진흥청은 과거 통일벼를 개발하여 식량자급을 이룩한 업적을 녹색혁명이라고 하며 자부심을 가지고 있었다.

녹색성장을 뒷받침하는 쪽으로 연구 방향을 전환시키면서 생물자원의 소재산업화, 첨단 융복합 기술 개발, 에너지 절감 기술, 대체에너지 개발 기술, 기후변화 기술, 신소득작목 개발 등을 적극 추진하였다. 가시적인 성과도 나타났다. 한림대학교 의과대학과 세계 처음으로 누에고치에서 뽑아낸 인공고막을 개발했다.

그밖에도 인간 장기 이식용 미니 돼지, LED 활용 시스템, 감귤에서 뽑아낸 인공 피부 물질 등 화제를 모으는 연구 결과물들이 쏟아졌다. 농업 녹색기술 개발의 중요성을 인식하고 확산시키기 위해 2009년 4월 30일부터 5월 2일까지 '2009 생활공감 녹색기술대전'이라는 행사를 처음으로 개최하였다. 행사에 참석한 당시 한승수 국무총리는 '우리 농업기술의 변화와 발전에 크게 감동을 받았고, 농촌진흥청의 역할을 새로 인식하였다'고 했다.

—— 김재수 장관이 2017년 2월 산림청 산림항공본부를 방문해 봄철 산불대응현황을 점검하고 있다.

농촌진흥청의 대대적인 혁신과 연구 성과는 널리 알려졌다. 이명박 대통령이 주재하는 녹색성장 발표회에서 행정자치부, 환경부와 함께 청 단위로서는 농촌진흥청이 유일하게 보고하게 된 것이다. 농업 녹색혁명을 통하여 부가가치를 높이고 농업의 새로운 미래를 열자고 강조하였다. 2010년 2월 3일 청와대 영빈관에서 녹색기술개발 보고회의가 열렸다. 당시 이명박 대통령과 정부 주요 인사, 국회의원, 시장, 군수, 각계 전문가 300여 명이 참석한 자리이다.

그 자리에서 나는 농업 녹색성장 대책을 보고하면서 대통령의 표정을 살폈다. 농촌진흥청을 대대적으로 혁신하라는 지시가 있었는데 어느 정도 만족하는지 궁금하였다. 겉으로 보기에는 매우 기분이 좋은 것으로 여겨졌다.

행사를 마치고 나오자 아는 사람이 손을 잡으며 귓속말로 속삭였다. '오늘 행사는 농촌진흥청 홍보 행사이구만.' 기분이 매우 좋은 하루였다. 밤낮없이 보고 자료를 만들고 당일 행사까지 철저히 준비해 주었던 당시 이규성 과장(전 농촌진흥청 차장)과 직원들에게 다시 한 번 감사인사를 보낸다.

제2의 새마을운동 '푸른 농촌 희망 찾기'

시대가 변하면 당연히 농민의 생각도 따라서 바뀌어야 한다. 정부에만 의존하지 말고 스스로 자립하는 정신을 가져야 한다. 그에 맞는 새로운 정신 운동이 필요하다. 근면, 자조, 협동하는 새마을 정신이 다시 필요하다고 생각했다. 그렇게 해서 제2의 새마을운동과 같은 '푸른 농촌 희망 찾기' 운동을 중점적으로 추진하기 시작했다.

이를 위해 먼저 3대 실천 과제를 설정했다. 첫째 안전한 농산물을 생산하고, 둘째 깨끗한 농촌을 만들고, 셋째 농업인의 자립 역량을 강화하자는 것이었다. '푸른 농촌 희망 찾기' 운동은 농촌 전역에 걸쳐 대대적으로 펼쳐졌고 곳곳에서 많은 성과를 냈다. 새마을운동을 하던 과거 열정을 살려 '다시 일어서자'는 움직임이 농촌 현장에서 일어났다.

'푸른 농촌 희망 찾기' 운동과 병행하여 지역 주민들에게 의료와 건강 지원 사업, 현장 애로 사업 등 많은 복지 증진 사업도 함께 추진하였다. 연구와 기술개발은 현장 중심으로 이루어져야 한다는 생각으로 현장 공감 기술을 중점적으로 개발했다.

2009년 3월, 녹색기술 현장 지원단을 출범시켰다. 200여 건의 현장 민원을 처리했고, 현장의 규제 개혁 과제를 발굴하기 위해 2인 1조로 1,000개의 현장 규제 개선 운동도 펼쳤다. '현장의 목소리' 전화를 개설하여 매일 오후 5시부터 6시까지는 소속 기관장들이 직접 민원인의 전화를 받아 애로를 해결토록 하였다.

일하는 방식을 개선할 필요가 있다고 생각했다. 농촌진흥청에서 일할 당시 조직 개편보다 더 중요한 것이 일하는 방식을 개선하는 것이었다. 우선 농촌진흥청 연구 성과 홍보를 강화하기로 했다. 부장 이상의 간부들이 매주 1회, 과천 종합청사 농림수산식품부 기자실에서 직접 언론 브리핑을 하도록 하였다. 수원에 있는 농촌진흥청에서 브리핑을 하면 중앙 언론의 관심을 받기 어렵다고 생각했다. 처음에는 서먹서먹해 하고 자신 없어 하던 간부들이 차츰 브리핑에 익숙해졌고, 홍보 능력도 향상되었다.

무엇보다도 자신들이 이룬 연구 성과가 중앙 언론에 보도되기 시작하자 연구자들의 사기가 크게 올라갔다. 그렇게 해서 농촌진흥청에서 이룬 연구 결과들이 자주 언론에 보도되었다. 자칫 연구실 안에서 묵힐 뻔한 소중한 연구 성과들이 국민 생활 속으로 널리 알려지게 된 것이었다.

직원들의 평가 시스템도 재정비하였다. 보직자 전원을 대상으로 업무 역량에 대해 내부 직원 평가와 함께 외부 전문가 평가를 실시해서 공정한 평가를 받을 수 있도록 하였다. 이를 기준으로 승진을 시키거나 포상을 하고, 적재적소에 인재를 배치할 수 있게 하였다.

직원들과의 소통에도 적극적으로 나섰다. 초급 직원들과의 대화 모임인 '주니어 보드'를 분기마다 실시하였다. '변화만이 살 길이다.', '열심히 연구하고 공부하고 변화하자.'는 취지를 강조했다. 연구에만 파묻혀 지내는 직원들의 시야를 넓혀 주기 위해 점심을 도시락으로 먹으며 문화·예술 등 각계 전문가를 초빙해서 강의를 듣는 '도시락 포럼'도 시작했다.

당시 나는 전문가들이라고 하더라도 적극적으로 다른 분야와 소통하고 융복합하지 않으면 유용한 연구결과가 나올 수 없다는 생각을 했다. 현장의 목소리를 듣기 위해 휴일도 없이 전국을 돌아다녔다. 당시 청장 관용차의 1년 동안 주행거리가 10만㎞를 훌쩍 넘겨서 화제가 되기도 하였다.

여성 인력의 발탁

여성의 역할이 중요하다는 사실은 재론의 여지가 없다. 농촌진흥청 내에서뿐만 아니라 농촌 현장에서도 여성의 역할이 강조되고 있었다. 농촌 인구의 반 이상이 여성이다. 여성의 역할 증대를 위한 소득증진, 가공기술 개발, 특산품 개발, 시장 개척 등에 많은 아이디어를 모았다. 여성의 열정과 노력이 결실을 맺도록 열심히 독려하였다. 우선 내가 맡은 농촌진흥청부터 여성을 중요한 자리에 배치시켰다.

전혜경 농식품자원부장을 1급인 국립식량과학원장으로 승진시키고 박공주 연구관을 대변인으로 발탁했다. 농촌진흥청과 유관 기관을 통틀어 첫 여성 1급에, 첫 여성 대변인이었다. 조직문화를 바꾸면서 많은 변화가 일어났다. 농업 현장과 정책, 정부 정책과 연구와의 괴리가 많이 줄어들었다. 다양한 여성 관련 업무를 개발하고 발전시켰다. 여성의 감성과 손재주, 열성을 잘 파악하고 있는 이명숙 과장이 열심히 하였고 많은 성과도 내었다.

농촌진흥청의 전방위 개혁 노력과 시군 농업기술센터 직원들의 적극적인 협력으로 많은 성과가 나타났다. 그 결과 2010년 3월 국무총리실에서 평가한 정부 업무 자체 평가에서 최우수 기관으로 선정되었다. 그 외에도 많은 수상을 하였다. 정부 부처를 포함한 39개 중앙행정기관에 대한 국무총리실 2009년 업무평가 결과 1위를 차지했다.

1년 만에 농촌진흥청은 화려하게 부활했다. 여러 언론에서 폐지 대상 부처가 1등을 차지했다고 대대적으로 보도했다.

폐지 대상 기관이 1등 기관으로 거듭나다

'벼랑에서 꽃 피워낸 농촌진흥청'. 2010년 4월 14일 조선일보 기사 제목이다. 폐지 대상 기관에서 최우수 기관으로, 지옥에서 천국으로 날아오른 것이다. 여러 언론에서 조직 개혁의 모범 사례로 농촌진흥청을 앞다투어 보도했다. 인터뷰 요청이 쏟아지고, 비결이 뭐냐고 물어오는 사람들도 많았다. 기존의 방식을 과감히 탈피하여 수요자 중심으로 조직을 개편하고 업무 효율성을 극대화한 결과였다.

늘 해오던 대로 하면 익숙하고 편하다. 고인 물은 썩는다는 건 만고의 이치이다. 나는 기회 있을 때마다 어렵고 힘들더라도 개혁하고 변화해야 살아남을 수 있다고 강조했다. 성공의 비결은 혁신과 열정이었다. 이후 장관으로 부임하고 나서도 농촌진흥청 시절의 혁신과 열정을 강조하였다. 농촌진흥청 조직은 폐지 위기에 직면하였으나 내가 직원들과 함께 열심히 뛰며 노력한 결과 개혁과 혁신을 실천할 수 있었다.

나는 2010년 8월 16일부터 2011년 7월 21일까지 농림수산식품부

제1차관으로 근무했다. 당시 장관은 유정복 국회의원이었다. 차관은 장관을 보좌하면서 부처 내의 실무적인 사항을 차질 없이 챙기는 자리이다. 장관이 대외적 업무에 치중하다 보면 부내 문제에 소홀하기 쉽다. 차관이 실무를 잘 챙기는 게 중요하다. 유정복 장관은 농업 분야에서 근무한 경험이 많지 않으나 열심히 일했고 직원들의 사기를 높이기 위해 많은 노력을 하였다.

나는 당시 현안이던 농업협동조합법을 개정하는 데 총력을 기울였다. 당시 장관은 농협 개혁의 세부적인 내용을 알지 못하고 있었다. 외부적으로 큰 현안만 조율하고 차관인 내가 농업 관련 기관이나 재정 당국과 실무적인 일을 맡아서 처리하였다. 농협 개혁은 오래된 과제였으나 기관마다 이해관계가 달라 근본적인 개혁을 하는 데 어려움을 겪고 있었다.

그렇다 보니 농민 단체나 농협중앙회, 학계 등의 의견을 조율하는 데 애로가 많았다. 그러나 농협 개혁이 시대적 과제임을 이해시키고 이들의 협조를 이끌어냈다. 수많은 회의와 토론을 거쳐 광범위한 의견수렴을 하였다. 정부안 확정, 당정협의, 국회상임위 보고 등 다양한 기관의 조정을 거쳐 마침내 여야 합의로 2011년 3월 11일 농협 개혁안이 국회 본회의를 통과하였다.

역사적인 날이었다. 3월 11일 농협법 통과 이후 청와대에서 그간 수고한 관계자들을 축하하는 행사를 준비하였다. 그러나 당일 일본에서 대규모 쓰나미가 발생하여 대부분의 언론이 일본의 쓰나미 관련 보도에 치우치는 바람에 행사는 간단하게 끝냈다.

3월 29일 이명박 대통령은 유정복 농림부 장관을 비롯한 여야 국회의원과 농민 단체 대표가 배석한 가운데 청와대에서 농협법 개정안을 공포하는 서명식을 하였다. 나는 차관을 본부장으로 하는 농협 개혁 지원본부를 만들어 본격적인 실무 작업을 추진하였다.

농협 개혁을 마무리짓다

제1차관으로 재임하면서 농림수산 조직의 대대적인 개편을 추진하였다. 농림부 본부의 조직과 편제를 개편하는 동시에 동물 검역, 식물 검역, 수산물 검사 등 3개 기관을 통합하여 농림수산 검역검사본부를 출범시켰다. 3개 기관을 통합하는 데 애로가 많았다. 행자부 등 관계 부서 협의를 어렵게 마쳤으나 예산 부서와의 마지막 협의 과정에서 애로가 많았다.

당시 예산 당국은 '이런 식으로 통합하면 기관장이 1급으로 된다.' '구제역으로 엄청난 국가 재정 피해를 가져왔는데 책임을 물어야 할 검역 부서장이 승진하게 된다. 이것이 말이 되느냐.'며 이의를 제기하였다. 실무자들 간에 수차 협의를 했으나 전혀 설득이 되지 않는다고 하였다. 이틀 후면 박재완 부총리가 정식 취임하기로 되어 있었다.

그리되면 더 어렵게 될 것이라는 생각이 들었다.

마지막으로 기획재정부 류성걸 차관을 찾아갔다. 류성걸 차관과는 고교와 대학 동문으로 개인적인 인연이 있었다. 가축 방역을 담당하는 조직을 확충해야 질병을 막을 수 있고, 미래지향적 농업 부문으로 발전시킬 수 있다고 설득하였다. '마지막으로 한번만 부탁한다.', '다시는 부탁할 일이 없을 것이다.'고 비장한 각오로 말하고 돌아왔다. 답답했다. 가능성은 반반이었다.

유정복 장관은 잘될 것으로 기대하고 있을 텐데 혹시라도 잘 되지 않으면 어떻게 하나 고민이 되었다. 한참 기다리니 류성걸 차관의 전화가 왔다. 농담조로 '형님의 성의를 생각해' 반영해 주기로 했다는 것이었다. 고마웠다. 재해보험팀, 수출진흥팀, 농어촌산업팀 등 상황에 대비한 조직도 출범시켰다. 현재 농식품부의 조직 체계는 당시에 골격이 만들어진 것이다.

종자생명 사업의 도약 기반을 만들었다. '골든 시드Golden Seed 프로젝트'를 구성하고 민간 육종 연구단지를 전북 김제에 설치하였다. 2010년 10월 '생명산업 2020 발전전략'을 수립하고, 농식품부와 농촌진흥청이 공동으로 기획단을 만들었다. 아울러 이 분야의 조직과 예산도 크게 증가시켰다.

농림수산식품 분야의 연구개발 총예산이 2011년에는 8,623억 원으로 크게 증가되었다. 차관으로 열심히 실무를 챙긴 결과 2000년 국무총리실 업무평가에서 정책 홍보와 규제 개혁은 최우수, 정책관리 역량과 녹색성장은 우수 평가를 받았다.

박근혜 대통령의 각별한 관심 받아

나는 2011년 10월 24일부터 2016년 8월 16일까지 한국농수산식품 유통공사aT 사장으로 근무하였다. 농림축산식품부 장관에 내정된 것이 2016년 8월 16일이니 약 5년을 공기업 사장으로 근무한 것이다. 주변에서는 최장수 공기업 사장이라고 하였다. 법으로 정한 우리나라 공공기관장의 임기는 3년이다. 매년 평가를 받기 때문에 실적이 미흡하면 임기를 채우기 전에 해임될 수도 있고, 실적이 우수하면 연임할 수도 있다.

두 번째 aT 사장으로 연임되자 언론에서는 2007년 공공기관 임기제가 도입된 이래 최초로 연임된 기관장이자 최장수 사장이라며 많은 관심을 가졌다. aT 사장을 연임하려고 생각하지도 않았고, 연임하게 해달라고 누구에게 부탁하지도 않았다. 차관으로 33년의 공직생활을 마치고 aT 사장에 임명될 때부터 나는 '이 자리가 마지막이다.', '그간 경험을 최대한 살려서 aT와 국가 발전을 위해 혼신을 다해 노력하자.'고 다짐했다.

나를 aT 사장으로 연임 시켜주는 것을 보고 '박근혜 대통령이 나의 능력을 인정하고 많은 일을 시키려 하는구나.' 라는 생각을 갖게 되었다. 박근혜 대통령이 나의 능력을 인정하고, 나에 대해 좋은 이미지를 가지고 있다는 소문을 간접적으로 전해 들었다. 청와대에서 개최되는 공식회의 때도 박근혜 대통령은 나에게 각별한 관심을 표현하였다. 공식회의가 끝난 뒤 이것저것 업무에 관해 물어보기도 하였다.

당시 박근혜 대통령은 농산물 수출이나 한식 세계화, 중국 시장 등에 대해 관심이 많았다. 가볍게 한두 마디로 언급하였지만 사정을 정확하게 파악하고, 깊이 생각하는 분이라고 여겨질 때가 많았다. 일개 공기업 사장인 나의 활동 상황에 대해 매우 자세히 알고 있어 많이 놀랍기도 하였다.

두 차례 aT 사장으로 연임하면서 '최장수 공기업 CEO'라는 보도가 나오자 내가 '문고리 3인방'과 가깝다는 소문도 났다. 이들을 소개시켜 달라는 부탁도 받았다. 나는 문고리 3인방을 잘 알지 못한다. 공적으로나 사적으로 한 번도 만난 적이 없었다. 공기업인 aT 사장을 하면서 정책보다는 현장에 가까운 일을 많이 하였다. 또 정부가 직접 추진하기 어려운 현장의 여러 분야 일을 찾아내었다. 최장수 공기업 CEO가 될 수 있었던 비결은 '혁신과 도전의식'을 가지고 현장의 여러 일을 열정적으로 추진했기 때문으로 생각된다.

농업의 중동 진출 교두보 마련

aT 사장으로 재임하는 5년여 동안 우리 경제는 안팎으로 매우 어려웠다. 내수경기는 침체되고 엔저 등 악조건으로 수출도 정체되었다. 나는 공기업은 국가정책에 부응한 역할을 해야 한다고 강조했다. 과감하고 새로운 변화, 끊임없는 도전, 창조정신, 혁신과 열정만이 살길이라는 생각을 하였다. 박근혜 대통령도 취임 이후 우리 경제의 구조적 문제를 해결하기 위해서는 새로운 돌파구가 필요하다고 생각한 것 같다.

인건비 상승, 내수 침체 등으로 국내시장은 성장에 한계가 있었다. 해외로 바깥세상으로 나가야 한다. 다가오는 위기를 극복하기 위해서도 외부 돌파구가 필요하다고 생각했다. 중국과 중동 시장을 중점적으로 개척한 것도 위기 돌파의 일환이었다.

중국과의 교류협력은 이미 상당 부문 이루어졌으나 중동의 경우는 그렇지 못했다. 어려운 일이 아니고 가능한 일이었다. 우리는 이미 1970년대에 중동의 건설시장에 진출한 성공 스토리를 가지고 있다. 나는 정부의 중동 정책에 부응하여 농식품 수출 증대를 위한 여러 가지 방안을 구상했다.

이슬람권의 인구가 25억 명이며 전 세계 인구의 30%를 차지한다. 이슬람권을 공략하자. 이슬람권의 식품시장을 연구하고 식품수출 증대 방안을 모색했다. 이슬람교도인 무슬림이 먹는 식품을 할랄푸드 Halal food라고 한다. 할랄 식품시장은 중국시장 규모와 맞먹는 약 1조 달러에 이른다. 이들의 입맛이나 기호에 맞는 농산물이나 식품을 수출하자는 생각이 들었다.

중동에 거점 기지를 만들어 이슬람권 수출 전진기지를 만들기로 하고, 관계 부처 협조를 얻어 중동지사 설립에 필요한 인력과 예산을 확보하였다. 2015년 9월 UAE 수도 아부다비에 aT 지사를 설립하였다. 아부다비 지사는 우리 농식품의 중동 수출 거점기지로 시장 정보 수집, 박람회 참가, 시장 개척, 출장자 안내, 홍보 등 많은 일을 수행하고 있다.

2016년 5월 박근혜 대통령이 이란을 방문할 때였다. 농업 분야에서는 내가 대통령을 수행하였다. 대통령 행사와는 별로도 나는 한국 농식품 홍보와 판매행사를 추진하였고, 한국 음식 만들기 행사도 실시하였다. 한국의 김치, 잡채, 김밥, 라면, 과자 등 가공식품이 이란 소비자들에게 인기가 높았다. 이란 여성들이 한국 음식을 매우 좋아하였고 음식 만들기 행사에도 적극 참여하였다.

이란 농식품 행사의 성공적인 추진으로 우리 농식품 업체들의 이란 진출도 활성화 되었다. 이란으로 출장을 가면서 나는 이번 행사의 목적, 한국 음식과 한국 문화, 이란과 한국과의 교류 협력 증진 방안 등을 정리하여 현지 신문에 기고하였다.

박근혜 대통령 이란 방문

서울 강남에 테헤란로가 있다. 강남역 사거리에서 삼성동 일대에 이르는 약 4킬로미터의 길이다. 한·이란 우호 관계의 상징으로 1977년 6월 설치한 도로이다. 이란의 수도 테헤란에는 '서울로'가 있다. 서울로를 가보니 생각보다 매우 좋았다. 서울공원도 아름다웠다. 양국 간에 더 많은 교류 협력이 추진되어야 한다는 생각이 들었다. 이란에서 개최된 각종 행사에서 박근혜 대통령은 현지 이란인들의 열렬한 환영을 받았다. 박근혜 대통령이 투숙하고 있는 호텔에도 우리 대통령을 보기 위해 많은 사람들이 몰려들었다. 이란 체육관에서 개최된 문화행사에서 박근혜 대통령이 우리나라와 이란은 오랜 역사와 문화적 인연이 있다고 하자 이란 국민들이 열렬히 박수치면서 환영하던 모습이 기억난다.

나는 농림부에 재직하는 동안 유통 분야에 비교적 오래 근무하였다. 유통과 사무관, 시장과장, 유통과장, 농산물 유통국장을 거치면서 농산물 유통 관련 업무를 많이 다루었다. 여러 가지 유통 개선 대책을 수립하였고 나름대로 성과도 거두었다. 그러나 여전히 미흡하다.

aT 사장으로 근무하면서 유통 정책보다는 현장에서 제기되는 여러 애로사항을 발굴하는 데 중점을 두었다. 생활체험형 애로를 발굴하고 이를 개선하는 데 역점을 두었다. 생활체감형 유통 개선 대책의 일환으로 직거래 지원센터를 설치하였고, 로컬 푸드 직매장도 개설하였다.

농산물 사이버 거래소 운영

도매시장 중심의 농산물 유통은 불가피하게 비용이 많이 든다. 유통 비용을 줄이기 위해 도매시장을 탈피한 새로운 거래를 추진하였다. 오프라인 매장보다는 온라인 거래가 새로운 추세로 대두될 때였다. 농수산물 사이버 거래소를 발전시키자는 생각으로 2009년부터 시범적으로 추진되던 사이버 거래소를 대폭 활성화시켰다. 조직과 인력을 늘리고 다양한 프로그램을 개발하였다. 사이버 거래소 거래액도 획기적으로 늘어나 2009년 52억 원 정도의 거래 규모가 2015년에는 2조 4천억 원에 이를 정도로 크게 확대되었다.

aT 사장을 하면서 대학생이나 청년을 위한 여러 가지 정책을 역점적으로 추진하였다. 청년 일자리를 만드는 것이 국가적 과제이기도 하였다. 청년을 위한 창업 지원 프로그램을 추진하고자 aT 건물 내에 창업 공간을 만들었다. '에이토랑'aTorang이란 이름의 창업 식당이었다.

화훼 분야는 '에이티움'을 운영하였다. 창업 인큐베이팅 스타일인

에이토랑은 지하의 음식점을 청년들의 창업 공간으로 활용하는 것이다. 식품영양이나 조리, 외식 경영을 전공하는 학생들이 모여 직접 식당을 운영하면서 메뉴 개발, 홍보, 서빙을 하였고 수익금은 참여자들이 가져가는 형태로 했다.

청년 창업 인큐베이팅 에이토랑의 성공

청년들이 스스로 사장이 되어 식재료 구입부터 판매, 회계, 경영, 마케팅, 홍보 등을 하도록 하였다. 우리나라 외식업은 창업 후 실패할 확률이 매우 높은 업종이다. '에이토랑'과 같은 사전 준비를 통해 시행착오를 없애 주자는 취지였다. 그렇게 해서 폐업에 따른 연간 1조원이 넘는 사회적 손실도 줄일 수 있었다.

에이토랑은 청년들에게 큰 호응을 얻었다. 미리 창업 경험을 해봄으로써 외식 창업의 실패를 줄일 수 있었다. 공사의 이런 노력은 매우 훌륭한 아이디어로 극찬을 받았다. 경제적 수익보다 중요한 것은 학생들이 얻는 소중한 경험과 자신감이다. 많은 청년들이 '에이토랑을 경험해 보지 않고 창업했다면 큰 어려움을 겪었고 실패하였을 것'이라고 소감을 전했다.

에이토랑 출신자들이 다양한 모임을 구성하여 외식업을 발전시키고 있다. aT를 방문한 외부 인사들도 '공기업이 철밥통들만 모인 곳인

줄로만 알았는데 이렇게 좋은 일을 하다니 놀랍다.'고 칭찬했다. 에이토랑은 2018년부터 정부 차원에서 확대 운영되고 있다. 경기도를 비롯한 전국 여러 지자체에서 에이토랑을 벤치마킹하고 있다.

에이토랑을 성공시키면서 공기업의 역할을 다시 생각하게 되었다. 청년 일자리를 만들기 위해서는 공기업이 앞장서야 한다. 국가적 과제인 청년 일자리 문제도 공기업에서 해답을 찾을 수 있다고 생각했다.

우리나라에 340여 개의 공기업과 공공기관이 있다. 이들 기관이 하나씩 에이토랑과 같은 창업 인큐베이팅 모델을 만들면 340개가 넘는 새로운 창업 생태계가 만들어질 것이다. 공기업은 수익만을 추구해서도 안 되지만 정부의 울타리에 안주해서도 안 된다. 정부와 민간의 손이 닿지 않는 분야를 공기업이 찾아내는 게 바람직하다. 나는 그런 것이 바로 공기업이 할 역할이라고 생각했다.

농식품 미래기획단(YAFF) 구성

청년이 미래의 보물이다. 청년을 위한 조직과 일을 만들자고 생각했다. 이런 나의 생각은 '농식품 분야의 청년 대학생들 모임'이라는 특별한 조직으로 모아졌다. 농식품 부문에 관심을 가지는 청년 대학생들을 모아 전국적인 네트워크를 만들기로 했다. 이들을 농식품 미래기획단이라고 하고 약칭으로 '얍'YAFF, Young Agri-Food Fellowship이라고 이름을 붙였다.

농식품 분야의 일자리를 만들고 서로 정보 교환을 하자는 취지에서였다. 청년들은 먹는 것에 관심이 많다. 방송에서도 '먹방'이나 '쿡방'이 유행하고 있었다. 그렇게 해서 식품산업 분야에 청년들을 끌어들이기로 하고 2014년 5월, 농식품 미래기획단을 발족하였다. '얍'은 이제 국내외 200여 개 대학에 2,000명이 넘는 학생들 모임으로 확대되었다.

대학생들의 일자리 아이디어 발굴, 교류협력 증진, 청년들의 보금자리로 '얍'이 자리잡고 있는 것이다. 공기업 아이디어 우수 사례이다. 그 외에도 식품기업 지원센터를 설치하였고, 외식산업 발전을 위한 각종 통계자료를 수집하고 분석하는 등 정보 인프라를 확대 구축하였다. 관세청과 협력하여 저가 농산물 수입업자를 근절하고, 신규 아이디어를 찾기 위한 다양한 행사도 실시하였다.

지역과 동반 협력 사업에도 많은 노력을 기울였고, 지역 인재 할당제를 일찌감치 실시하였다. 지역 대학과 산학협력 체제도 구축하였다. 혁신적이고 창의적인 다양한 활동을 수행한 결과 aT는 2015년 대한민국 나눔 국민대상을 수상하였다.

춘란 경매제 실시

춘란은 산과 들에서 자생적으로 자라는 야생란이다. 그동안 춘란이 여기저기서 거래되고 있었으나 가격에 대한 불만이 많았다. 품질도 믿을 수 없고 안정적인 물량 확보도 어려웠다. 가격과 품질에 대한 신뢰가 구축되지 않아 음성적 거래가 많고, 춘란을 사는 사람도 불만이고 파는 사람도 불만이었다. 춘란을 공개적으로 투명하게 거래하기로 했다. 경매를 통해 춘란을 거래하면 가격도 높아지고 시장도 활성화 될 것이라는 점에 착안했다. 여러 가지 준비를 거쳐 춘란을 공개된 장소에서 경매를 통해 거래하도록 하였다.

그렇게 하자 춘란 가격이 상승하고 유통도 개선되었다. 100만원, 200만원 하던 춘란 값이 500만원, 600만원으로 올라갔다. 나중에는 최고 1억 2천만원짜리 춘란도 탄생되었다. 춘란 재배자의 소득이 증대되었고, 많은 일자리가 만들어졌다. 약 2,000억원 규모의 춘란 시장이 1조원 대로 확대되고, 30만 명의 일자리가 신규로 만들어졌다. 은퇴한 도시민의 좋은 일자리로 자리잡게 되었다.

그밖에도 aT 스마트 스튜디오를 통한 유통 개선, 북카페를 통한 소통과 정보교환, 지역민과의 대화를 강화하는 등의 노력을 기울인 덕분에 aT는 국민들로부터 크게 신뢰받는 글로벌 공기업으로 자리하게 되었다.

중국 칭다오에 물류센터 건설

우리 농식품 수출증대를 위해서는 중국 내의 거점기지가 필요하다고 판단했다. 특히 한중 FTA가 체결되면 중국 본토에 우리 식품의 거점기지가 있어야 수출을 증대할 수 있다고 생각했다. 여러 가지 방안을 검토한 후 중국에 농식품 물류센터를 건설하기로 하였다. 관계 부처와의 협의를 거쳐 예산과 인력을 확보하고 중국 칭다오에 우리 농산물 물류센터를 건설하였다. 중국 서부 내륙지방에는 aT 지사도 설치하였다.

칭다오 물류센터 건설 과정에는 많은 어려움이 있었다. 부지 선정부터 설계, 인허가, 공사감리 등 여러 과정에서 수많은 난관이 있었다. 건설 과정마다 각종 의혹과 민원이 제기되었고 모함도 많았다. aT 직원들과 중국 관계자들과의 유착 의혹이 제기되어 중국과 한국의 사법당국에 고발조치 하는 등의 불상사도 있었다. 칭다오 물류센터 건설 문제를 놓고 국회상임위가 개최될 정도였다.

해외에서 물류센터를 건설하는 것은 쉬운 일이 아니다. 특히 행정절차가 투명하지 않은 중국에서 공기업이 물류센터를 건설하는 데는 많은 어려움이 있었다. 문제를 더 키우거나 해결을 방해하는 사람도 많았다. 물류센터 건설 도중에 너무나 애로가 많아 몇 번이나 중단하고 싶은 생각이 들었다. 그러나 한중 FTA에 대비하고, 우리 농산물의 중국 수출을 위해서 반드시 필요하다는 확고한 생각으로 밀어붙였다. 우여곡절 끝에 칭다오 물류센터는 완공되었고, 이후 성공적으로 역할을 수행하고 있다.

KAL과 협력해 수출 물류비 절감

농식품 수출에서 가장 중요한 경쟁력은 물류비 절감이다. 수출 물류비를 줄이기 위한 다양한 노력을 하였다. 항공 수출이 필요하였으나 높은 운임 때문에 엄두가 나지 않았다. KAL 등 항공사와 협력하여 농산물 항공운임을 할인받았다. 항공운임의 할인 적용으로 유럽에 딸기 수출을 크게 증대한 것은 기관 간 우수 협력 사례로 알려졌다. 인천에서 개최된 창조경제혁신센터 행사에서 박근혜 대통령이 직접 aT와 KAL의 협력 사례를 언급하면서 격려해 주었다.

수출 조직을 확대하고 수출 전략도 다양화하였다. 전통적인 농산물 수출시장인 미국이나 일본에서 탈피하여 중국과 중동으로 시장을 확대하였다. 중국 칭다오에 aT 지사를 설치하였고 2014년 10월, 세계 최대 온라인 기업인 알리바바를 통한 온라인 시장에도 진출하였다. 안테나 숍, K-Food 페어 등을 통해 많은 우리 식품 홍보행사를 중국에서 실시해 우리 식품을 널리 홍보하였다. 그 외에 해외 공동 물류센터를 운영하며, 환변동 보험제도를 도입하는 등 수출 증대를 위해 다양한 제도 개선 조치를 취했다.

알리바바와 MOU

중국 수출에서 내가 역점을 둔 것은 전자상거래 분야였다. 알리바바 그룹의 마윈 회장이 세계적인 전자상거래 업체를 이끌고 선풍적인 인기를 끌 때였다. 상하이 aT 지사로 하여금 알리바바와 접촉하여 수출증대 방안을 강구토록 하였다. 1999년 설립된 중국의 알리바바는 3년 만에 연간 매출액 250조 원을 달성할 정도로 성공한 기업이다. 거래 규모가 세계적인 쇼핑몰인 미국 아마존과 이베이를 합친 것보다 더 컸으며, 2016년 11월 11일에는 하루 매출액이 28조 원을 기록하기도 했다.

알리바바는 한마디로 중국은 물론 전 세계 온라인시장을 좌우하는 기업이다. 우리는 중국 온라인시장의 급성장을 예견하고 발빠르게 움직였다. 국내 어떤 기관보다 먼저 aT가 알리바바에 우리 농산물을 입점시켰다. 나는 중국 알리바바 본사로 가서 두 기관 간 양해각서MOU를 체결하였다.

알리바바의 전자 부문 책임자로 나온 오민주 대표를 보고 깜짝 놀랐다. 너무 나이가 젊은 여성이었다. 여성의 젊음, 전문성, 섬세함으로 세계적 그룹의 전자 상거래 부문을 이끌어가는 오민주 대표에게 많은 감동을 받았다.

나는 aT 사장을 하면서 새로운 아이디어를 내고 끊임없이 업무를 혁신하였고 '열정'을 강조했다. 직원들에게도 열정은 우리가 가진 최고의 힘이니 모두 열정을 가지고 일하라고 격려했다. 나는 나와 동갑인 외국 명사들의 이야기를 자주 한다. 빌 게이츠, 스티브 잡스, 니콜라 사르코지 전 프랑스 대통령 이야기도 자주 했다. 이들의 공통점이 열정을 가진다는 점이다.

빌 게이츠는 '내가 하는 일이 세상에서 가장 즐거운 일이다.'는 말을 했다. 스티브 잡스도 남보다 앞서는 자신의 강점을 '열정'이라고 했다. 사르코지 전 대통령도 열정을 가지고 일했다. 미국에서 존경받는 CEO 50명의 공통적인 특성이 '열정'passion 이라는 글을 읽은 적도 있다. 나는 직원들이 열정을 가지고 일할 수 있는 근무 환경을 만들어 주기 위해 노력했다. aT 사장으로 '최장수' 공기업 CEO로서 내가 강조한 것은 한마디로 '끝없는 열정'이었다.

4

운명적인 부름,
박근혜 정부 마지막 농림부 장관이 되다

2016년 8월 어느 날 황교안 국무총리로부터 농림축산식품부 장관으로 내정되었다는 통보를 받았다. 며칠 후 8월 16일 청와대의 공식 발표가 있었다. 문화체육관광부(조윤선), 농림축산식품부(김재수), 환경부(조경규)의 3개 부처 장관 내정자 명단이 발표되었다. 내정 통보를 받고 약 3주에 걸친 준비와 국회 인사청문 과정을 거쳐 2016년 9월 5일 농림축산식품부 장관으로 공식 임명되었다.

장관 후보자로 청와대의 검증작업은 상당 기간 전에 이루어졌다. 엄중한 보안사항이라 공식 발표 때까지 함구하고 있었다. 청와대 대변인은 '김재수 농식품부 장관 내정자는 행정고시 21회 출신으로 30여 년 간 농림, 축산, 식품 분야에 재직하면서 농식품부 제1차관과 기획조정실장, 농촌진흥청장 등 주요 직책을 역임했다. 풍부한 경험과 강한 추진력을 바탕으로 농림, 축산, 식품 분야를 새로운 성장 동력

산업으로 육성하고 경쟁력을 제고해 농촌 경제에 활력을 북돋아 갈 적임자'라고 발표했다.

2016년 9월 5일, 나는 제62대 농림축산식품부 장관으로 임명되었다. 내 나이 62세 때이다. 산적한 농정 현안이 있었다. 농업 생산뿐만 아니라 유통, 수출, 식품 등 많은 분야에서 누적된 과제도 있었고 당면한 현안도 많았다. 쌀 가격이 너무 하락하여 쌀 재배 농가가 아우성이었고 농촌 민심도 좋지 않았다. 쌀 가격을 안정시키는 것이 급선무였다.

또한 청탁금지법 시행으로 인한 농업 분야 피해를 줄이는 것도 주요 현안이었다. 추석을 앞두고 있어 과일류나 축산물 소비 감소가 큰 걱정이었다. 가축질병도 발생했다. 해마다 되풀이는 조류독감AI이 발생하였고 구제역도 몇 년 만에 또 발생하였다. AI와 구제역 방역에 총력을 기울었다. 탄핵 정국이라 어수선하였으나 맡은 바 현안을 해결하는 데 최선을 다했다.

당면한 현안 해결도 중요하나 농업 분야에 누적된 중장기 과제도 개선해야 했다. 농업 분야의 과제는 단기간에 고치기 어렵다. 쌀, 소고기, 채소. 과일 등 농산물 수급과 가격 안정도 제대로 하기 힘들다. 농협개혁, 식품산업, 농촌교육, 의료, 복지 등 농촌생활 전반에 문제가 많았다. 본격적인 4차 산업혁명 시대에도 대비해야 했다. 해결해야 할 과제도 많고 다 해결할 수 있는 여건도 안 되었다. 내가 재임

—— 2016년 9월 13일 청와대에서 박근혜 대통령으로부터 농림축산식품부 장관 임명장을 수여받았다.

중 다 해결할 수도 없는 일들이었다. 우선 눈앞에 닥친 쌀 대책이나 가축질병 등 현안부터 해결해야 했다.

박근혜 정부 마지막 장관이라 임기도 많이 남지 않았다. 쌀을 비롯하여 농정이 풀어야 할 문제들은 수십 년 동안 누적된 과제가 대부분이다. 외부 출신 장관이 오면 잘 몰라서 그렇다 할 터인데 농림부에서 40년을 보낸 나도 제대로 해내지 못하면 사람들이 얼마나 실망하겠는가 하는 긴장감이 들었다.

재임 중 조금이라도 개선시키도록 하자. 조금이라도 고쳐놓아야 후임자가 편하게 일할 수 있다고 생각했다. 직원들도 희망을 가지고 새로운 각오로 일하도록 사기를 높여 주어야 했다. 혁신할 수 있는 기반을 만들어 주고, 혁신 마인드를 심어 주고 떠나자고 다짐했다.

농협 개혁을 마무리하다

농산물 시장개방에 대비해 농업계가 오랫동안 요구해 온 사항이 농어촌 상생기금 도입이었다. 수입 개방으로 피해를 보는 산업에 대한 지원이 필요했다. 특히 한중 FTA를 체결하면 농업 분야에 막대한 피해가 있으니 FTA 체결로 덕을 보는 분야에서 피해를 보는 농어업 부문에 일정한 지원을 하자는 취지였다.

비농업계의 끈질긴 반대가 있었으나 어렵게 설득하였다. 농어촌 상생 기금을 조성하기 위한 정부 내의 협의 과정이나 국회 심의 과정에서 여러 가지 애로가 많았다. 우여곡절 끝에 법적 근거를 만들고 실질적으로 운영할 조직이 설립되었다. 이 작업을 차질 없이 추진한 박수진 과장(현 국장)에게 감사를 드린다.

수십 년 간 논의해 온 농협 개혁이었다. 이명박 정부에서 큰 골격을 만들었고 세부적인 이행사항이 남아 있었다. 경제 사업 이관을 주요 내용으로 하는 농협법 개정안이 2016년 12월 마무리되었다. 이를 통해 농협중앙회는 조합, 농업인, 그리고 교육과 지도에 전념하도록 하였다. 경제나 금융 사업은 전문경영인 체제로 운영하는 방안이다. 완벽하지는 않았으나 경제 부분과 신용 부문을 분리하자는 이른바 농협 '신경 분리'의 마지막 종지부를 찍은 것이다. 나머지 분야에서 일부 보완이 이루어졌다.

해외 일자리 마련

일자리를 만드는 것이 국가적 과제였다. 농식품 분야에서 여러 가지 일자리를 열심히 만들었다. 특히 해외로 눈을 돌리고 청년들의 참여 기회를 늘리고자 농식품해외청년단AFLO을 2017년 4월 창설하였다. AFLO를 다녀온 청년들이 매우 감사하다고 한 것이 기억에 남는다. 외식 분야에 청년 창업이 많았으나 실패도 많았다. 실패를 줄이고자 aT 사장 때부터 추진해 온 식품 외식 청년 창업 인큐베이팅 시책인 아토랑aTorang과 아티움aTium에 대한 지원을 확대하였다. 이를 통해 청년들이 실질적으로 창업할 수 있는 실전 창업 기회를 제공한 것이다.

지금도 농촌으로 돌아가고자 하는 사람이 많다. 이들의 꿈이 농촌에 뿌리내릴 수 있도록 도와주기 위해 2016년 11월 '중장기 귀농귀촌 종합대책'을 수립하였다. 청년의 참여가 중요하나 농촌에 청년이 뿌리내리기는 쉽지 않다. 청년 창업을 촉진하기 위해 2017년 4월 귀농귀촌 종합박람회를 개최하였다.

농업은 1,2,3차 산업을 합한 6차 산업이다. 6차 산업을 정착시키고 새로운 관점에서 추진하자고 생각했다. 청년의 농촌 정착을 돕기 위해 2017년 3월 '농촌 융복합 시설제도'를 마련하고 관련법인 농촌융복합산업육성지원법도 개정하였다.

지금은 말 그대로 글로벌 시대이다. 시장개방 반대나 농산물 수입 반대만 외치지 말고 우리 농산물과 식품을 수출하도록 하는 게 중요하다. 그래서 취임 후 바로 '농식품 수출확대 100일 프로젝트'를 추진했다. 역점적으로 농식품 수출 대책을 추진한 결과 2016년 농식품 수출이 65억 달러를 달성했다.

현재 추진하는 수출 전략을 고치고, 수출 증대를 위한 새로운 접근을 실시했다. 그렇게 해서 수출 대책의 미비점을 보완하고, 수출 물류비를 추가 지원하였다. 나는 주무 장관으로서 베트남, 태국 등 동남아를 직접 방문해 수출을 독려하기도 했다.

막걸리 규제 완화

식품산업은 핵심적인 미래 성장 동력이다. 농업이 생산에만 머물러 있어서는 안 된다. 외연을 넓히고 영역을 확대하기 위해서는 식품산업으로 발전해 나가는 것이 필요하다. 농업은 이제 생산 중심에서 유통, 가공, 수출, 식품 등 고부가가치 신성장 동력 산업으로 가야 한다고 기회 있을 때마다 강조했다.

그동안 외식산업과 식품 육성 정책을 추진했으나 근본적인 발전에 한계가 있었다. 농식품 분야의 각종 규제가 식품산업 발전을 가로 막고 있었다. 규제를 풀어야 했다. 국세청, 정보통신부, 국토부, 행정자치부 등 관련 부처의 협조를 얻어 농식품 분야의 많은 규제를 완화하였다. 우선 막걸리 등 전통주의 온라인 판매를 허용하였다.

2017년 2월, 황교안 대통령 권한대행 주재로 규제개혁 국민 토론회를 열어 농식품 분야의 각종 규제를 많이 완화되었다. 황교안 대통령 권한대행과 함께 막걸리 규제 완화를 위해 막걸리 마시는 행사를 실시한 것이 기억에 남는다. 전통식품 명인과 전통주 통합 홍보관을 만들고 농공상 전용매장을 설치하였다. 국가식품 클러스터에 국내외 기업을 유치하고 지원센터를 설치하였다. 식품기업 육성과 식품산업 발전을 위해 실질적 도움을 주는 여러 가지 정책을 추진했다.

식품산업의 발전을 보면서 지나간 세월이 그려졌다. 오래 전 사무관 때부터 식품 분야 발전을 열정적으로 강조했다. 식품의 개념도 생소하고 자료나 정보도 제대로 없던 1980년대 중반 어느 날이었다. 중앙대학교 산업경제학과 김성훈 교수가 사무실에 나타났다. 식품가공 분야의 자료를 들고 당시 김동균 과장과 나를 불러 이 분야의 중요성을 강조하였다.

그때부터 본격적으로 공부하고 대책을 세워온 것이 바로 식품 분야이다. 이후 식품가공계를 만들었고, 표준규격과, 식품가공과로 점차 조직의 규모가 확대되었다. 지금은 식품유통국과 식품정책실로 발전했다. 지금 모습을 보면서 그동안 기울인 선배들의 노고를 생각하게 된다.

깨끗한 농촌 만들기 운동

농촌 환경이 중요하다고 생각했다. 깨끗한 농촌을 만들어야 한다. '깨끗한 농업'Clean Agriculture이 되어야 '깨끗한 대한민국'Clean Korea도 실현 가능하다는 생각을 가졌다. 농촌은 농업인의 일터와 삶터만이 아니다. 길이 후손에 물려줄 국민의 생활공간이다. 깨끗한 농촌을 만들어야 한다는 국민적 요구에 부응하여 정책을 개발하자는 생각을 했다. 우선 '깨끗한 농촌 만들기 운동'Clean Agriculture Campaign을 추진하였다. 깨끗한 농촌을 만들자는 운동은 첫 발대식을 2017년 4월 16일 경기도 이천에서 시작했다.

분뇨와 악취 등 축산 분야의 고질적인 문제도 개선토록 하였다. 2016년 12월 깨끗한 축산 환경 조성 대책을 발표해 축산 분야의 노력을 강조했다. 그렇다고 농촌을 마구잡이로 개발해서는 안 된다. 나는 아름다운 농촌을 만들기 위해서는 농촌에 디자인 개념을 도입해야 한다고 역설했다.

농업인을 포함한 국민과의 소통이 정부 정책에서는 중요하다. 대부분의 현장 민원은 소통 부족에서 일어난다. 농업 분야에서 소통 부족으로 파동이나 위기를 야기한 일이 많았다. 농업인 단체를 중심으로 '농정 포럼'을 만들었다. '농정 신문고'를 설치하여 현장의 농민과 직접 대화하면서 애로를 해결하였다. 전문가 중심으로 간단한 점심 식사를 곁들인 토론 모임을 일컫는 '브라운 백 미팅'brown bag meeting을 실시하고, 주요 현안에 대해서는 농정 토론회를 열었다.

'찾아가는 브리핑 국민 속으로'를 개설하여 재해나 쌀, 수출 등 주요 농정 현안에 대해서는 담당 국장이 직접 영상을 통해 설명하도록 하였다. 농업 분야에는 과거 경험도 중요하다. 새로 맡은 사람들의 시행착오를 줄이기 위해서다. 은퇴자를 중심으로 농식품 전문 자문단ASA을 구성하여 후배들에게 많은 정책 조언과 자문을 하도록 하였다. 그 외에도 크고 작은 여러 가지 일들이 생각난다. 시간이 지나며 차츰 추억 속으로 사라지고 있어 안타깝다. 보람도 있고 아쉬움도 남는 시간이다.

문재인 정부 1기 내각 출범

눈코 뜰 새 없이 바쁘게 시간이 지나갔다. 쌀 산업 발전 대책을 발표하였고, 가축질병도 어느 정도 종식되고 가축질병 방지를 위한 종합대책도 수립하였다. 연구, 방역, 사육과 유통을 포함한 전반적인 가축질병 방지 대책이 관계 부처와의 협의를 통해 만들어졌다. 2017년 5월, 탄핵 정국이 끝나고 대통령 선거가 실시되었다. 5월 10일 더불어민주당 문재인 후보가 대통령으로 당선되었다.

궐위선거이기 때문에 당선 결정과 함께 대통령 임기가 시작되었다. 얼마 후 문재인 대통령 주재로 국무회의가 열렸다. 참석한 국무위원들은 대부분 박근혜 정부에서 임명된 장관들이었다. 분위기가 묘했다. 국무회의를 주재한 문재인 대통령은 '여러분들은 문재인 정부의 제1기 내각'이라고 하였다. 아직도 이 말이 기억에 남는다. 국무위원들에게 한 말씀 하라고 하여 미국 방문을 앞둔 문 대통령에게 '농업 분야에 쌀 협상 등 중요한 현안이 많으니 소홀히 취급되지 않도록 해달라.'는 건의를 하였다.

40년의 공직생활을 마감하다

문재인 대통령이 임기를 시작하고 두 달이 지나서 농림부장관 후임자가 결정되었다. 나와 행정고시 동기생인 김영록 전 국회의원이었다. 행정안전부와 전라남도에서 주로 근무하였고 재선 국회의원이었다. 후임 장관의 부임을 앞두고 2017년 7월 3일 농림축산식품부 장관직을 사임하였다. 홀가분하면서 무거운 책임도 느껴졌다.

급한 불은 껐으나 계속 발전시켜 나가야 할 농정 과제가 너무 많았다. 누적된 농정 과제들을 해결하고, 4차 산업혁명 시대도 대비해야 한다. 생산, 유통, 소비, 수출 등 분야별로 농정 여건 변화가 극심했다. 여건 변화에 알맞은 대책을 만들어야 했다. 그러나 이런 과제들은 모두 후임 장관과 후배들의 몫이 되었다. 무거운 과제를 남겨두고 나는 농림축산식품부를 떠났다.

지나고 보니 긴 세월이었다. 1977년 행정고시를 통해 공무원이 되었고 2017년 7월에 공직을 떠난다. 40년의 오랜 세월이었다. 나의 생각과 인식은 국가와 공공 위주의 생각으로 굳어져 있다. 한편으로 파동과 위기로 점철된 지난 40년의 세월을 생각하니 진한 감동과 함께 눈물이 났다.

눈물이 많아지는 것은 늙고 떠날 때가 되었다는 것이라는 말을 떠올리며 나는 프랑스 철학자 가브리엘 마르셀의 시로 이별의 아쉬움을 전했다.

나는 왔구나, 어디서 온지도 모르면서
나는 있구나, 누구인지도 모르면서
나는 죽는구나, 언제인지도 모르면서
나는 떠나는구나, 갈 곳도 모르면서

박근혜 대통령 재임 시절에 농림부는 쌀을 처음으로 대외원조 하는 등 많은 정책을 추진하였다. 해결해야 할 어려운 농정 현안이 많았다. 나름대로 최선을 다했으나 미진한 과제가 너무 많이 남았다. 조류 인플루엔자, 구제역 등 가축질병도 발생하여 애로가 많았다. 박근혜 대통령 시절에 역점적으로 추진한 정책은 2017년 5월 농림수산식품부에서 정책자료집『농설農說, 농업 · 농촌의 내일을 말하다』로 묶어 발간하였다.

PART
02

내가 겪은
농정 위기

항상 김재수 장관님을
응원 합니다

Chapter 01
농업 발전의 토대를 닦은
박정희 대통령

1

재평가 필요한
농업의 성공 스토리

개방화 시대를 맞은 1980년대 이후 우리나라 농업 분야에서는 크고 작은 사건 사고가 끊이지 않고 계속되었다. 농업 분야의 여러 이슈들 가운데는 일시적 파동으로 마무리된 경우도 있으나 때로는 국가적 위기로 확대되기도 했다. 국민들의 머릿속에 기억되고 있는 굵직한 파동만 해도 그 수가 적지 않다. 농산물 수입자유화 파동, 우루과이 라운드UR 협상 파동, 농안법(농산물 유통 및 가격안정에 관한 법률) 파동, 한중 마늘협상을 둘러싼 파동, 쌀 협상, 한미 FTA 협상 파동, 광우병 소고기 파동 등 열손가락으로 꼽기 어려울 정도로 많다.

배추 파동 등 국내 농산물 생산과 수급의 차질과 관련된 것에서부터 유통이나 소비, 식품안전, 기상과 자연재해 등으로 야기된 많은 문제들이 끊이지 않고 계속되었다. AI와 구제역 등 가축질병 파동도 거의 연중행사처럼 나타난다. 봄철이면 대형 산불이 일어나 인명과 재산 피해를 가져오고, 여름에는 가뭄이나 자연재해로 많은 국민들이 어려움을 겪는다. 그러다 가을이 되면 농산물의 과잉 생산 혹은 생산 부족에 따른 가격 안정 문제로 정책 당국과 농민 모두 애를 먹는다. 쌀 수매가격을 두고 정치권에서 홍역을 치르기도 한다. 이러한 농업 분야의 각종 현안을 제때 잘 수습하지 못하면 사회적 혼란과 국민적 부담을 가져왔고, 때로는 국가적 위기가 초래되기도 했다.

이처럼 파동과 위기가 유난히 많은 농업 부문이다. 물론 과거에 있었던 농업 분야의 모든 과제들이 실패로 끝난 것은 아니다. 우리 농업 부문에는 자랑할 만한 성공 스토리도 많이 있다. 식량 자급이 대표적인 성공 사례이다. 식량 자급을 극복해 간 과정은 전 세계에서 유례를 찾아보기 어려운 우리만의 성과라 할 수 있을 것이다. 농업은 우리나라 경제 발전과 궤를 같이 해왔고, 역대 정부에서는 농업 발전을 위해 많은 노력을 하였다. 정부의 투자 지원이 큰 힘이 되었고, 거기다 농업인의 노력이 더해져 많은 성과를 일궈냈다.

기울인 노력에 비해 성과가 미흡한 점도 있는 게 사실이다. 하지만 자랑할 만한 성과가 국민들에게 제대로 알려지지 않은 부분도 많다. 가시적으로 나타나지 않은 제도 개선이나 생활수준 향상도 많이 있었다.

그동안 우리가 겪은 농업 파동과 위기를 보면서 여러 가지 생각을 한다. 국가적 위기를 가져온 농업 파동의 원인은 정책 당국의 판단착오, 졸속 처리, 처리 지연이나 소홀, 관계 부처 협조 미흡 등 여러 가지를 들 수 있다. 잘못된 위기관리의 중심에는 주무 장관이 있고, 대통령비서실이나 대통령도 있었다.

역대 대통령이 농업을 보는 인식을 생각해 보았다. 농업 부문을 국정의 핵심 과제로 인식한 대통령은 별로 없었다고 여겨진다. 재임 중 농업 부분에 큰 발전을 이루어낼 것이라고 기대한 대통령도 사실은 없어 보였다. 어느 대통령이든 취임하고 나면 산적한 국정 현안으로 인해 농업 부문의 과제는 우선순위에서 뒤로 밀려났다.

농업 문제로 인해 일어나는 파동은 그 파장이 예상 밖으로 크고 오래가는 특성이 있다. 농업 파동은 괴물처럼 통제할 수 없는 존재로 확대되어 국정의 위기로 번졌다. 그동안 경제 발전의 그늘에서 소외된 농업 부문과 농업인의 아픔이 있기 때문일 것이다. 소외되어 온 분야에서 누적되어 온 아픔은 파동이 발생하면 통제 불능의 상태로 증폭되었다.

2

최고의 기술 업적, 통일벼 개발

농업 발전과 식량 자급을 이야기하려면 먼저 박정희 대통령을 떠올리지 않을 수 없게 된다. 박정희 대통령이 우리 농업 발전을 위해 쏟은 노력은 새삼 더 강조할 필요조차 없을 정도이다. 새마을운동이나 통일벼 개발, 대규모 댐 건설과 간척, 식량 자급 등 굵직하고 가시적인 성과들이 너무도 많기 때문이다. 농촌진흥청을 설치하여 연구개발과 기술 보급에 앞장섰고, 그것이 밑거름이 되어 통일벼를 개발하여 식량 자급을 이루었다. 한국을 발전시킨 10대 기술 중 최고의 기술이 바로 통일벼 개발이라는 국책 연구기관의 평가도 있었다.

새마을운동, 농가 지붕 개량, 저수지와 댐 건설, 자연보호, 치산녹화 등 농업 분야의 많은 업적이 박정희 대통령 시절에 이루어졌다. 5천년 동안 가난과 굶주림에 시달려 온 우리 민족이다. 불과 얼마 전까지만 해도 '춘궁기'니 '보릿고개'라는 말이 쓰였듯이 늘 식량 부족을 걱정하고, 가난에 시달려 온 민족이다. 하지만 박정희 대통령의 이러한 농업 발전 정책에 힘입어 이제는 식량 부족이나 먹거리를 걱정하지 않아도 되는 것은 물론이고, 선진국 대열에 당당히 들어선 나라가 된 것이다.

박정희 대통령은 1960년대 초반부터 1970년대 후반까지 우리나라를 이끌었다. 당시 농업 부문의 역할은 매우 중요하였고 농업 정책은 중요한 국가 정책이었다. 1960년대 초반에는 우리나라 전체 취업자의 80%가 농업 분야에 종사하였고, 농업은 총 GDP의 45%를 차지할 정도였다. 1962년 제1차 경제개발5개년계획(1962년~1966년)을 시작으로 경제개발 정책이 본격적으로 추진되었다.

3

식량자급을 이루다

 이후 식량 생산과 노동력 공급을 중심으로 한국 농업은 우리 경제를 발전시키는 데 큰 역할을 하였다. 아울러 만성적인 식량 부족을 해결하기 위한 정부의 식량 증산 대책은 성공을 거두었다. 1970년대 후반에 이루어진 통일벼 개발과 농업기술 보급은 식량 자급을 이루는 데 핵심적인 성공 요인이 되었다. 전 세계적으로 우리나라 정도의 인구 규모를 가진 나라가 이처럼 단기간에 식량을 자급한 경우는 유례를 찾아보기 힘들다.

 이처럼 국가 경제발전을 이룩하는 데 있어서 농업 부문의 역할은 매우 컸다. 하지만 성장의 그늘에 묻혀 아픔도 많았다. 전 세계적으로 선진국이나 중진국을 막론하고 국민의 먹거리를 안정적으로 공급하지 못하여 정권이 무너지고 국가가 망하는 경우는 얼마든지 있었다. 과거 역사도 그랬다. 2차세계대전의 패전국들도 먹거리 문제로 무너진 경우가 있고, 중동과 북아프리카에서 국민의 기본적인 먹거리를 안정시켜 주지 못하여 정권이 무너진 경우는 여럿 있다.

이처럼 식량 문제는 국가와 정권의 앞날에 중요한 영향을 미친다. 40년 간 농업 분야에 근무한 경험과 선진 강국의 농업 현장을 직접 보면서 느낀 점이다. 우리나라만큼 빠른 시일 안에 국민의 먹거리를 안정적으로 공급하고 농업을 성공시킨 나라는 없다. 나는 대한민국 농업에 희망이 있다고 확신한다. 우리 모두 이런 사실에 자부심을 가져야 할 것이라고 생각한다.

지난 2018년 11월 박정희 대통령 탄생 101주년을 맞아 경북 구미의 박정희 대통령 생가를 찾았다. 농업과 임업을 발전시킨 많은 업적이 기념비와 자료로 남아 있어 감회가 깊었다. 박정희 대통령이 집권한 시절은 우리 국민 모두가 가난에서 벗어나 잘 살아보자며 함께 노력한 시기였다. 산업화 시대를 열기 위해 우리 국민들이 함께 달려온 뜨거운 발자취가 바로 박정희 대통령 집권 시기와 맞물려 있다.

나는 농업을 국민의 감정이나 정서에 호소하는 수준에 머무르게 해서는 안 된다고 생각한다. 농업을 이념이나 정치 산업의 장으로 끌어들여서는 절대로 안 된다. 아울러 농업에 종사하는 인구가 적다거나 GDP에 기여하는 비율이 낮다는 점을 이유로 들어서 농업을 무시하거나 비전 없는 산업으로 취급하는 것도 매우 잘못된 생각이다. 그런 태도는 최근에 진행되고 있는 농업 분야의 발전과 변화를 제대로 모르는데서 기인하는 것이다.

Chapter 02

시장 개방 흐름 받아들인 전두환, 노태우 대통령

1

전두환 대통령과 쌀 수입

전두환 대통령이 집권한 1980년 당시 농업 부문은 사상 최대의 냉해 피해를 입었다. 그 여파로 1981년에는 쌀 생산량이 355만 톤 수준으로 떨어졌다. 전년도 쌀 생산량 514만 톤에 비하면 약 160만 톤이 줄어든 것이었다. 식량 부족이 우려되고 쌀 가격도 상승했다. 그에 따라 민심이 크게 동요하였다. 정부는 식량 수급을 안정시키고 민심의 동요를 막기 위해 1981년에 224만 톤의 쌀을 해외에서 수입하였다. 그 전해인 1980년의 58만 톤이나 이듬해인 1982년의 27만 톤 수입에 비하면 엄청나게 많은 물량의 쌀을 수입한 것이다.

기상변화와 쌀 수급 불안을 염려해 마련된 긴급대책의 일환이었다. 하지만 당시 수입한 쌀의 재고가 누적되면서 이후 몇 년 간 쌀 수급 관리에 많은 어려움을 겪게 되었다. 당시 우리 국민들의 주식이 쌀이고, 1인당 쌀 소비량이 133kg에 이를 때였다. 지금은 1인당 쌀 소비량이 61kg 정도이니 당시의 절반에도 미치지 않는다. 한 톨이라도 쌀 생산을 증대하기 위해 농민과 정부가 함께 치열한 노력을 기울인 1980년대였다.

전두환 대통령이 대통령직에서 물러난 뒤 어느 해 내외분과 자리를 같이한 적이 있다. 당시 나는 농림축산식품부 장관 신분으로 전두환 대통령 바로 옆에 앉아 여러 이야기를 나누었다. 까마득한 사무관 시절에 멀찌감치 떨어진 자리에서 전두환 대통령을 본 이야기를 꺼냈다.

"대통령님, 세상이 참 많이 변했습니다. 대통령으로 재임하실 때 쌀 생산을 많이 하는 시도를 격려하고 시상금도 내려 보내 주셨습니다. 그런데 지금은 쌀 생산을 제일 적게 하는 시도에 상을 주고 있습니다. 쌀이 남아돌기 때문입니다. 그 당시와 이렇게 달라졌습니다." 당시 나는 사무관으로 농림부 기획관리실장을 수행해 쌀 증산 공로가 큰 우수 시도에 대통령 격려금을 나누어 주는 일을 했다. 정말 오래 전의 이야기였다.

내 말을 듣고 전두환 대통령은 "그래 그랬지. 그때는 예산에 편성된 돈을 썼지."라고 받아넘겼다. 비자금이 아니라는 말씀이었다. 나는 속으로 권위적인 겉모습과 달리 유머감각이 대단한 분이라고 생각했다. 옆자리에 앉아 있던 이순자 여사가 한두 마디 거들자 "임자가 뭘 알아."라고 단번에 핀잔을 주었다. 전두환 대통령은 이순자 여사 앞에서 꼼짝을 못하는 공처가 라는 말들이 있었는데 내가 가까이서 직접 본 모습은 그게 아니었다.

전두환 대통령을 생각하면 착잡한 마음을 떨치기 힘들다. 내가 사병으로 군대생활을 하는 기간에 전두환 대통령은 보안사령관이었다. 그리고 내가 군에 복무하는 동안 10.26과 12.12 사태가 일어났다. 광주 5.18 사태도 벌어졌다. 당시 나는 군수품 보급부대에 근무했는데, 동료가 광주 지역 군부대로 출장을 갔다가 한 달 정도 귀대가 늦어진 경우도 보았다. 광주 사태는 수많은 우여곡절을 겪은 끝에 겨우 수습되는 듯해 보이지만 그 후유증은 지금도 계속되고 있다. 국민 모두가 무거운 짐을 지고 있는 셈이다. 광주 사태의 정확한 성격을 규정하는 일 역시 역사의 판단에 맡기는 게 옳다고 나는 생각한다.

2

노태우 대통령과 우루과이 라운드 협상

전두환 대통령에 이어 1988년 2월 노태우 대통령이 취임했다. 전두환 대통령 시절의 권위적인 통치 방식에 싫증을 느낀 많은 국민들은 새 정부가 들어서자 민주적 국정운영을 펼쳐줄 것을 기대했다. 이런 분위기에 맞춰 국정 전반에 걸쳐 민주화가 추진되었다. 노태우 정부는 88 서울올림픽을 성공적으로 개최하고, 북방외교를 펼치는 등 많은 성과를 이루어냈다. 하지만 그 과정에서 국민들의 민주화 욕구가 과도하게 분출되면서 노태우 대통령은 '물 대통령'으로 불리기도 했다. 노태우 정부의 공과에 대한 객관적인 평가 역시 역사의 몫이라고 나는 생각한다.

1980년대는 시장 개방이라는 세계적 흐름이 대세를 이룬 시기였다. 1980년대 후반에는 우루과이 라운드Uruguay Round 협상이 마무리되었다. 이에 따라 1993년에 새로운 국제규범이 만들어졌고, 1995년

―― 김재수 장관이 2017년 2월 10일 서울 롯데호텔에서 키모 티리카이넨 핀란드 농업환경부 장관과 회담을 갖고 가축방역과 식품안전관리 시스템 정보공유 방안 등에 대해 논의했다.

부터 WTO 체제가 출범했다. 농산물 시장을 개방하여 교역을 확대하고 공정거래를 정착하자는 목적으로 WTO 체제에서 광범위한 무역 자유화가 이루어졌다.

우리나라도 예외가 아니었다. 마침내 시장 개방과 무역 자유화 열풍이 전 방위로 밀어 닥쳤다. 농산물 시장 개방은 보호주의에 안주해 온 우리 농업 부문에는 큰 위기였다. 시장 개방을 반대하는 시위나 집회가 연일 이어졌다. 하지만 시장 개방이라는 세계적인 대세는 거역하기 어려웠다.

3

거세게 몰아닥친 시장 개방의 바람

노태우 대통령 시절인 1990년 11월 스위스 제네바 GATT 본부에서 우루과이 라운드 협상UR이 진행 중이었다. 어느 날 UR 협상에 반대하는 이경해 당시 한국농어민후계자협의회(현 한농연) 회장이 제네바에서 할복자살을 시도하였다. 나는 한밤에 들어온 긴급뉴스에 깜짝 놀랐다. 당시 나는 몇 개월 전부터 과장 직무대리로 사실상 과장직을 수행하고 있었다. 방문단도 내가 주도해서 보낸 것이었다. 바로 사무실로 나가 상황을 파악해 보니 심상치 않았다. 당시 나는 농업인의 복지증진을 위한 시책과 함께 농민 단체 업무도 담당하고 있었다.

나는 사건이 일어나고 얼마 뒤인 그해 12월에 과장으로 정식 승진하였는데, 첫 보직이 농어촌 복지 담당관이었다. 사태의 책임을 물어 관련자들을 문책할 것 같아 걱정도 되었는데, 다행히 문책을 당하지는 않았으나 사태를 수습하느라 정신없이 뛰어다녀야 했다.

이경해 한농연 회장 할복자살

UR 협상을 비판하는 농민 단체들에게 UR 협상 상황을 설명하고 이해를 높이는 게 필요하다고 판단했다. 당시 UR 협상을 반대하는 목소리가 높았고, 협상 과정에서 보인 정부의 무능을 강하게 비판하는 여론도 많았다. 심지어 제네바 협상팀이 협상은 제대로 하지 않고 몽블랑으로 관광이나 다닌다는 악성 루머도 있었다.

그래서 추진한 게 바로 농민 단체 대표를 직접 제네바 협상장으로 보내자는 아이디어였다. 그들이 직접 현장에 가서 협상 상황을 지켜보고 세계적 흐름도 알게 하는 게 정부의 협상에 긍정적인 요인이 될 수 있을 것이라는 생각에서였다. 윗분들의 반대가 컸다. 하지만 나는 당시 패기만만한 젊은 과장 시절이라 내가 책임질 테니 보내자고 주장을 굽히지 않았다.

제네바로 가는 농업인 단체는 두 개의 반으로 구성하였다. 한농연 회장을 중심으로 1반을 먼저 보내고, 2반은 추후 보내기로 하였다. 우여곡절 끝에 제네바로 1진이 도착하였는데 바로 이튿날 이경해 회장이 할복을 시도한 것이다. 다행히 생명에는 지장이 없었으나 당초 의도와는 다른 예기치 못한 사태가 벌어진 것이다. 젊은 과장이 철없고 무모한 행위를 추진했다는 비난도 받았다. 그 일을 수습하면서 많은 교훈을 얻었다.

제네바에서 이경해 회장의 할복사건이 있은 후 13년이 지난 2003년 9월이었다. 나는 당시 워싱턴 D.C.에 있는 주미 한국대사관에서 농무관으로 근무하고 있었다. 이경해 회장이 멕시코 칸쿤에서 개최된 WTO 제5차 각료회의에서 할복자살하였다는 소식이 날아들었다. 한국 농업의 어려운 현실을 내세우며 개방 반대를 외치던 분이었다. 세계화와 개방이라는 거대한 흐름에 반대하여 그렇게 생을 마감한 것이다. 농산물 시장 개방을 막고자 하는 한국 농민의 몸부림이었다. 너무나 가슴 아픈 일이었다.

2017년 8월 어느 날, 농림축산식품부 장관을 퇴임한 후 대구시 동구 지묘동에 있는 노태우 대통령 생가를 찾았다. 어린 시절 내가 자란 동촌에서 얼마 떨어지지 않은 이웃 동네이다. 듣기만 했지 처음 가보는 노태우 대통령 생가였다. 기대와 달리 생가는 너무 초라하였다. 들어가는 도로는 좁고 골목길도 구불구불하였다. 대형버스는 주차하기도 어렵다. 생가 이곳저곳을 둘러보며 여러 생각이 들었다. 전직 대통령의 생가 치고 너무나 기대 이하였다. 실망을 많이 하였다. 당초에는 그보다 더 크게 지을 계획이었으나 반대하는 사람들이 많아 그렇게 되었다고 한다.

지역 주민들 가운데는 노태우 대통령이 이 지역을 위해 해준 게 뭐냐고 비난하는 사람들이 많다고 했다. 대구에도 해준 게 없다는 말을 듣는다고 한다. 곰곰이 생각하니 일리 있는 말 같기도 했다. 그러나 대통령은 밉든 곱든 대통령이다. 노태우 대통령은 퇴임하고 나서 고령과 질병으로 병원에 입원하여 오랫동안 정상적인 활동을 못하고 있다.

TK 홀대론과 겹쳐져서 마음이 착잡했다. 대통령을 몇 명이나 배출한 대구 지역의 경제가 전국 최하위이다. GRDP지역 내 국민총생산는 27년째 전국 최하위를 맴돌고 있다. 문재인 정부가 들어선 이후 눈에 띄게 심화되고 있는 TK 홀대 분위기와도 겹친다. 이런 상황을 잘 수습하지 못하면 지역 차별론이나 지역갈등으로 번질지도 모를 일이다. 심각한 위기상태로 가기 전에 해소책이 마련되었으면 하는 바람이다.

Chapter 03
김영삼 정부와
무리한 개혁 드라이브

1

쌀시장 개방 반드시 막겠다는 대통령 공약

김영삼 대통령은 1993년 2월에 취임했다. 1980년대 중반부터 불어온 시장 개방이라는 도도한 흐름이 전 세계적으로 대세를 이룰 때였다. 시장 개방을 두고 국제적으로 다양한 논의가 이루어졌다. 우루과이 라운드UR라는 다자간 시장 개방 논의 결과가 국제규범으로 만들어졌고, 1990년 후반에 협상이 어느 정도 마무리되었다.

우루과이 라운드 협상은 1986년 9월 우루과이의 푼타 델 에스테에서 시작되었다. 이후 1993년 12월에 협상이 타결되었고, 이어서 1995년에 본격적인 WTO 체제가 출범하였다. 이에 따라 농산물 분야도 WTO라는 국제규범 체제 속에서 광범위한 규모로 개방이 이루어지기 시작했다.

김영삼 정부는 시장 개방이라는 세계적 흐름에 부응하여 '세계화'를 국정의 기치로 내걸었다. 세계화를 명분으로 내세워 국정 전반을 개혁하고자 했다. 그러면서 보호주의에 안주해 있던 국내 산업이 어려움에 처했고, 개혁에 대한 저항도 많았다. 무엇보다도 농업 분야가 가장 큰 아픔을 겪었다. 세계화와 시장 개방이 세계적인 흐름이라고는 하나 해당 분야의 피해를 최소화하기 위한 연착륙이 필요했다. 하지만 기대한 만큼의 연착륙은 쉽게 이루어지지 않았다.

노태우 정부 후반에 나는 통상협력과장으로 근무하다가 1992년 9월 프랑스 파리에 있는 OECD경제협력개발기구로 파견 근무를 나갔다. 우리나라의 OECD 가입을 준비하기 위해서였다. OECD에서 논의되는 여러 과제를 분석하고 정보를 수집하며 가입에 필요한 여러 가지 준비를 하였다. UR 협상 동향도 주의 깊게 관찰하였다.

도도한 개방 흐름 못 막아

선진국 클럽이라는 OECD에서 우리나라의 협상 상황을 보니 걱정이 되었다. 세계적 흐름을 제대로 파악하지 못하고 있었고, 협상 준비도 제대로 이루어지지 않고 있었다. 이제 문을 닫고 보호주의에 안주하며 살아갈 수 있는 시대가 아니었다. UR 협상을 지켜보면서 우리나라가 앞으로 헤쳐나아가야 할 길을 생각하니 너무도 멀고 험난해 보였다.

1993년 12월, 허신행 당시 농림부 장관은 쌀 협상을 위해 스위스 제네바로 떠나면서 "쌀시장 개방만은 절대로 막겠다."라는 말을 남겼다. 허신행 장관은 그해 2월에 김영삼 정부의 첫 농림부 장관으로 취임했다. 농촌경제연구원장 출신의 허신행 장관은 농산물 시장 개방을 막고자 많은 노력을 하였다. 그는 장관직을 걸고서라도 쌀시장 개방을 막겠다는 결연한 의지를 보였다. 하지만 그것은 농림부 장관이 감당하기에는 너무 버거운 과제였다.

허신행 장관은 쌀 협상에서 최선을 다했으나 결과적으로 쌀시장 개방을 막지 못했다. 선진국이 시장 개방을 주도하고 있었고, 당시 흐름의 대세는 시장 개방이었기 때문이다. 한국의 농림부 장관이 나서서 쌀시장 개방을 막겠다고 한 것은 결과적으로 세계적인 흐름에 역행하는 일이었다.

그것은 너무도 어려운 과제였다. 이미 '예외 없는 관세화'라는 UR 협상의 대원칙이 정해져 있었기 때문에 그에 맞서 보려는 우리의 협상 능력에는 한계가 있었다. 장관으로서는 김영삼 대통령이 후보 시절에 '쌀시장 개방만은 대통령직을 걸고 막겠다.'고 한 공약을 관철시켜야 한다는 부담도 컸을 것이다.

우리는 나름대로 쌀 협상에서 혼신의 노력을 다했다. 그 결과 '예외 없는 관세화' 원칙을 수용하면서도 그나마 쌀에 대해서는 특별대우를 얻게 되었다. 그렇게 해서 10년 간 관세화를 유예하고, 일정 수준의 물량만 최소한 수입하는 '최소 시장 접근'Minimum Market Access 방식의 개방이 이루어지게 되었다.

이 최소 시장 접근 방식은 협상 이행 첫해인 1995년에는 전체 소비량의 1%, 10년 후인 2004년에는 4%까지 늘려가며 쌀을 수입토록 한 것이다. 조건부로 수입하도록 하는 중재안을 이끌어내는 성과를 얻어낸 셈이다. 하지만 결과적으로 쌀시장 개방을 막지 못했다는 여론 악화로 허신행 장관은 그해 12월 21일 장관직에서 물러났다.

당시 한국과 미국의 쌀 협상에 실무자로 참여한 미국 농무부의 제임스 그루프James Grueff를 내가 미국에 있는 한국대사관에서 농무관으로 근무하던 시절에 만났다. 차관보급으로 승진한 그루프는 매우 부드럽고 다정한 사람이었다. 그는 나를 보더니 한국은 UR 협상에서 미국에 한 약속을 지키지 않았다는 말을 했다. 협상 후 10년간 미국 쌀을 한 톨도 수입하지 않았다는 것이다.

한미 간 공식 협상 결과로 문서에 남아 있는 것은 없고, 당시 한국에 미국 정부에 어떤 약속을 했는지 정확히는 알 수 없다. 하지만 나는 '한국은 약속을 잘 안 지키는 나라이다.', '앞으로 한국과 한 이야기는 반드시 서면으로 적어서 보관해야 한다.'고 불만을 토로하는 그의 말을 듣고 매우 부끄러운 생각이 들었다. 개인 간에도 신뢰가 중요하지만 그에 못지않게 나라 간에도 신뢰가 있어야 한다. 우리가 반드시 명심해야 할 자세이다. 협상과 합의에 이르는 전 과정이 중요하다. 형식과 내용에 합의할 때는 신중해야 한다. 합의 내용을 지키지 못할 경우 많은 후유증을 낳을 수 있기 때문이다.

2

석 달 만에 장관 낙마시킨 이행계획서 파동

CSCountry Schedule는 UR 협정의 국가별 이행계획서를 말한다. 허신 행 장관 후임으로 1993년 12월에 김양배 장관이 임명되었다. UR 협 상의 후유증으로 장관이 경질되었으나 민심의 동요는 쉽게 가라앉지 않았다. 협상 결과를 이행하는 데도 많은 어려움이 따랐다. 특히 협 상 결과에 따른 세부 개방 이행계획서인 CS를 두고 많은 논란이 이어 졌다.

1993년 12월 15일에 타결된 UR 협상의 이행계획서는 이듬해 2월 15일까지 가트에 제출하도록 되어 있었다. 나라마다 준비상황이나 사정이 달라 제출 시기가 조금씩 달랐고, 이행계획서에 포함된 내용 도 조금씩 달랐다. 자신들에게 유리하게 조금씩 수정한 것이다.

우리나라는 제출 시한인 1994년 2월 15일을 넘겨 3월 11일 이행계 획서를 가트에 제출하였고, 며칠 뒤인 3월 25일 이해 당사국의 검증을 마쳤다. 그런데 제출 이후인 3월에 세부내용이 공개되자 많은 비난이 제기되었다.

정부는 'UR 이행계획서에 담을 내용은 한 줄 한 획도 고치지 못한다.'는 주장을 내놓아 논란을 자초했다. 시민단체와 학계에서는 다른 나라는 수정하는데 우리는 왜 못 고치느냐며 정부 비난에 나섰다. 한 줄 한 자도 못 고친다는 것은 공식적인 정부 방침은 아니었다. 하지만 당시 정부는 그런 류의 강박관념에 사로잡혀 있었다. 물론 합의한 협상의 기본 골격과 주요 내용은 고칠 수 없다. 그러나 세부내용은 기본 원칙에 위배되지 않는 범위에서 어느 정도 고칠 수 있도록 되어 있었다.

한 줄 한 획도 고치지 못한다는 경직된 정부의 인식으로 인해 많은 혼란이 초래되었다. 이행계획서 수정은 기술적이고 세부적인 조정minor adjustment이며 우리에게 유리하게 수정할 수 있다. 실제 CS 제출 후 상당 부분 우리에게 유리하게 수정되었다. 대국민 설득과 이해를 제대로 시키지 못해 파동을 야기한 것이다. 농민 단체와 시민단체, 학계와 언론은 정부의 무능과 잘못을 질책했다. 국무총리가 사과하고 농림부 장관이 부임한 지 3개월 만에 또 경질되었다.

이행계획서 사태는 어찌 보면 사소한 일에서 비롯되었다. 농림부는 특별대책반을 만들고 밤낮없이 일했으나 결과적으로 국민을 제대로 이해시키지 못했다. 그래서 언론이나 국회, 농민 단체들이 나서서 정부의 무능을 비판하도록 만든 것이다. 대국민 홍보와 이해를 구하고 설득하는 일의 중요성을 일깨워준 사건이었다. 처음 해보는 다자간 국제 협상이었고, 많은 아쉬움이 남았다. 협상 골격과 현지 상황, 타국의 사례를 제대로 파악하여 체계적으로 대응했더라면 하는 아쉬움이 두고두고 남았다.

정권 입장에서 보면 농림부의 하는 일이 못마땅하게 비쳤을 수도 있다. 그러나 부임한 지 3개월 만에 장관을 경질하는 것은 국민들의 불만을 일시적으로 해소할 수 있을지는 모르나 국익에는 도움이 되지 않는 방식이다. 김양배 장관은 1993년 12월 23일 부임한 후 농림부 간부들을 연일 질책하였다. 농림부를 보는 장관의 인식이 '매우 부정적'이었다고 1995년 한국농촌경제연구원에서 발간한 연구보고서인 「농수산물 유통개혁 백서」에서 언급하고 있다.

김양배 장관은 농림수산부가 '무능하고 무책임하며 한심한 부처'라는 인식을 가지고 있었다. 그 뒤 간부들과 집중적으로 토론을 가진 뒤 어느 정도 인식을 바꾸었다고 한다. 김양배 장관은 파동에 책임을 지고 1994년 4월 5일 사임하였다.

김양배 장관의 후임으로 최인기 장관이 임명되었다. 최인기 장관은 UR 협상 후속조치를 차질 없이 추진하면서 당시 현안이 되었던 농안법 파동을 수습해야 하는 무거운 짐을 지게 되었다. 행정 관료로 탁월한 역량을 보였던 최인기 장관은 농안법 파동을 잘 수습하고, 개방에도 적극적으로 대응하는 등 많은 업적을 남겼다. 나는 당시 시장과장으로 최인기 장관을 모시고 농안법 파동을 수습하고 시장 도매인제, 수집상 등록제, 전 품목 상장 경매제 등 시장과 유통 분야에 많은 제도 개선을 하였다.

나는 시장과장을 마치고 국제협력과장으로 전보되었다. CS 파동을 수습하고 동시에 시장 접근, 국내 보조, 수출경쟁 분야에서 일부 오류를 바로잡았다. UR 협상의 틀과 기본 개념, 협상 중간 단계의 변화 등을 잘못 이해하고 있는 부분도 있었다. UR 협상 막바지에 협상이 교착상태에 빠지자 미국과 EU가 백악관 블레어 하우스Blair House에 모여 도출한 '블레어 하우스 합의'를 통해 새로운 감축방안을 수립하기로 추진한 것이다.

'생산제한 제도하의 직접 지불'이 대표적이다. 국내 보조의 개념과 구성에도 일부 오해가 있었다. 전반적인 UR 협상의 구조를 바로잡아가면서 무역정책검토회의TPRM 등 제네바의 여러 회의에 참가하여 WTO 체제의 원활한 국내 이행을 위해 노력하였다.

3

많은 교훈 남긴 농안법 파동

1993년 2월 출범한 김영삼 정부는 개방과 개혁의 두 가지 큰 국정 과제를 안고 시작한 문민정부였다. 김영삼 정부는 정치, 경제, 사회 전반에 걸쳐 많은 개혁을 추진하였다. 농업 분야에도 개혁의 바람이 거세게 불었으며 농산물 유통 분야가 대표적인 개혁 대상이었다. 역대 정부마다 유통 개혁을 한다고 하였으나 근본적 개혁이 되지 않고 있었다.

생산자 – 수집상 – 도매시장 – 중간상인 – 소매상 – 소비자로 이어지는 유통 과정은 단계가 많고 복잡하기로 유명했다. 유통 비용도 많이 들었다. 김영삼 정부는 이 과정을 단순화하여 줄이고, 시장 내의 유통 과정도 단순화하자는 생각으로 농산물 유통 분야 개혁에 착수했다.

1992년 7월 제14대 국회에서 당시 민주자유당 신재기의원 주도로 도매시장에서 중개상인의 역할을 제한하는 '농수산물 유통 및 가격 안정에 관한 법률'농안법을 제출했다. 중매인은 출하자로부터 농산물을 구매해서 소매상들에게 매매하는 유통 상인을 말한다. 법안 내용 중에서 중매인들에게 매매는 하지 말고 중개만 하라는 취지의 '중매인 도매 행위 금지 조항'이 문제가 되었다. 한마디로 유통 현실을 전혀 감안하지 않은 무리한 개혁 법안이었다.

법안 제출 때부터 많은 사람들이 이에 반대 목소리를 냈다. 하지만 시장 종사자와 농림부의 반대에도 불구하고 개혁이라는 이름으로 무리하게 법안을 밀어붙였다. 국회 상임위원회 소위원회 심사에서 정부 측(차관 김태수, 유통국장 신순우)은 법안에 반대하였으나 뜻을 관철시키지 못했다. 정부의 반대 입장에도 불구하고 농안법 개정안은 1993년 5월 18일 국회를 통과하고, 이듬해 1994년 5월 1일부터 시행에 들어가게 되었다.

시장 사정 무시한 무리한 입법

중간 상인의 기능과 역할을 제대로 고려하지 않은 무리한 의원입법 개혁은 큰 파동이 예상되었다. 시장 상인들의 반발도 컸다. 이대로 두면 안 된다는 분위기가 많았으나 구체적인 저지 방법을 찾지 못하고 1년이 지났다. 이듬해 5월 1일 농안법 시행일이 다가왔다. 우려대로 유통 상인들이 반발했고, 시장의 중매인들은 파업을 단행했다. 도매시장에 많은 혼란이 일어났다. 도매시장에 들어온 농산물을 중매인이 사지 않았고, 그 결과 도매시장에 쌓인 농산물이 시중으로 배송되지 않는 사태가 벌어졌다.

중매인들은 소매상들로부터 주문을 받은 바 없다며 이른바 준법투쟁 형식의 파업을 실시하였다. 그 결과로 시중의 농산물 가격은 폭등하였다. 소비자 가격이 폭등한 반면, 산지의 생산자 가격은 폭락하였다. 도매시장 상인의 파업으로 생산자가 팔 데가 없어진 것이다.

1994년 5월 3일과 4일, 서울의 가락시장을 비롯해 전국 시장에서 큰 혼란이 일어났다. 집단행위를 통한 도매시장 유통 종사자들의 경매 불참은 시장을 마비시켰고 큰 혼란을 가져왔다. 신문지상에는 'UR이 죽인 농민, 농안법이 또 죽이다.', '농안법 파동으로 시장 대혼란' 등의 헤드라인이 올랐다. 전문가들은 우루과이 라운드로 힘든 농민들에게 농안법을 잘못 개정하여 더 힘들게 한다고 지적했다.

도매시장의 유통 상인들은 잘못된 농안법을 재개정하라고 요구하였다. 언론의 질타가 이어졌다. '채소는 썩어 가는데 농민 분노, 폭등, 폭락, 농산물 값 혼란, 하루살이 농정에 분노, 농림수산부는 무얼 하고 있나, 소비자 농어민 우리만 골탕, 성남 농심 곳곳서 항의, 유통 현실 외면, 혼란 자초' 등 여론의 비난이 폭우처럼 쏟아졌다.

책임은 공무원들에게

농림부는 특별대책반을 만들고 긴급조치에 나섰다. 하지만 전국적으로 도매시장 혼란을 초래하고 사회적 물의를 일으킨 데 대한 책임을 피할 길이 없었다. 농림부 시장과의 담당 사무관, 과장, 유통국장, 차관보가 문책되고 차관이 경질되는 아픔을 겪었다. 법이 통과된 후 1년 간 주무 부서에서 아무런 조치도 취하지 않고 놀았다는 비난을 받았다. 공무원의 복지부동 자세가 다시 세간의 입에 오르내렸다.

농림부 역시 농안법 시행에 따른 문제점을 인식하고 있었고, 이를 바로잡기 위해 나름대로 노력하였으나 역부족이었다. 부내 인사이동으로 상당 기간 담당 과장이 공석으로 있었다. 대대적인 문책이었다. 솔직히 말해 공무원이 잘못해서 생겨난 문제가 아니라 실현성 없는 법률의 제정으로 인해 파동이 일어난 것이었다. 그런데도 책임은 공무원만 지게 된 것이다.

농안법 파동을 해결하라는 임무를 지고 임명된 최인기 장관은 농안법 시행을 6개월간 유보하고, 그 기간 동안 유통 교육과 홍보를 강화하면서 유통 개선을 위한 종합대책을 마련했다. 나는 OECD에서 돌아온 후 행정관리 담당관으로 김영삼 정부의 개혁에 부응해 농림부 조직을 개편하였다. 당면한 농안법 파동을 수습하고, 도매시장과 유통 부문의 대대적인 개혁 대책을 추진하라는 명을 받고 시장과장으로 발령을 받았다.

곧바로 농안법을 현실에 맞게 수정하였다. 중매인을 중도매인으로 변경하여 중개와 매매를 할 수 있도록 하였다. 이밖에도 도매시장 기능 활성화, 수집상 등록제, 전 품목 상장 경매제, 도매시장 쓰레기 유발 부담금 등 시장과 유통 분야에 많은 제도를 새로 도입하였다.

산지 수집상을 제도권으로 흡수

도매시장에 농산물을 출하하는 사람은 농민도 있고 수집 상인도 있다. 이들은 농사를 직접 짓기도 하지만, 시장에 농산물을 출하하는 업무를 주로 담당한다. 산지 수집상들은 유통 과정에서 많은 역할을 하는 사람들이다. 실질적으로 농산물 유통 주체의 하나이다. 하지만 제도권으로 흡수되지 않아 '불법 유통 상인', 심지어 '악덕 유통 상인'으로 매도되고 있었다. 농산물 가격이 상승하면 이들 유통 상인이 농간을 부려서 그렇다고 하면서 많은 비판을 하였다.

이들 산지 수집상을 공식적으로 시장에 등록하는 데 많은 어려움이 있었다. 이들은 등록은 커녕 거래액을 밝히기를 꺼렸고, 자신의 신분이 노출되는 것도 싫어했다. 세금을 많이 물게 된다는 우려 때문이었다. 수집상 등록 자체를 하지 않으려 했다. 그러나 이들이 농산물 시장에서 상당한 역할을 하고 있기 때문에 이들을 제도권으로 흡수하여 유통 개혁에 동참시키고자 했다.

먼저 수집상을 등록시키기로 했다. 그리고 이들이 우려하는 세금 문제를 해결하고자 국세청과 수차례 협의에 나섰다. 지역 세무서에 가서 여러 가지 애로를 이야기하면서 협조를 요청했다. 하지만 세무서장은 '저 사람들은 돈이 많습니다. 여기 올 때만 점퍼 입고 헌 구두로 갈아 신고 옵니다.'라는 식의 말만 하였다. 우리의 요청은 들으려고도 하지 않았다. 씁쓸하였다.

수집상들을 설득하고 협조를 요청하는 과정에서 많은 어려움과 반대가 있었다. 식사 중 수집상이 소주병으로 자신의 머리를 깨는 소동도 있었다. 설득과 이해, 협의를 거쳐 우여곡절 끝에 수집상 등록제가 정착되었다. 완강히 반대하던 수집상들도 나중에는 자신들의 직업에 공식적인 이름을 달아준 분이라며 내게 고맙다고 했다.

그동안 자식들에게 아버지 직업이 무엇인지 제대로 밝히지 못했는데, 이제는 산지 유통인이라고 떳떳하게 말할 수 있게 되었다는 말도 했다. 결과적으로 이들은 악덕 유통 상인이라는 꼬리표를 떼고 떳떳한 직업인이 되었다고 자랑스러워했다.

시장과장으로 유통과 시장 부문에 많은 개혁을 했고, 그 과정에서 보람도 많았으나 아픔도 있었다. 전 품목 상장 경매제 등 유통 개혁을 담당하던 시장과의 이학범 사무관은 너무나 업무가 힘이 든다면서 과학기술부로 전출을 갔다. 하지만 건강이 악화되어 끝내 사망하고 말았다. 너무 안타까웠다.

부작용 부른 무리한 개혁 입법들

아픔과 보람이 공존하는 과거의 추억이다. 실무자의 의견과 현장의 상황을 감안하지 않는 잘못된 개혁 입법의 피해는 일선 공무원들에게 고스란히 돌아왔다. 개혁 입법의 기치를 내걸고 요란하게 시작하였으나 애초에 현실에 맞지 않는 무리한 개혁들이었다.

UR 협상, 쌀시장 개방, C/S파동, 농안법 파동을 지켜보고 직접 겪으면서 많은 교훈을 얻었다. 정부와 국민 모두 무엇보다도 세계적 흐름과 대세를 알아야 한다. 그리고 협상능력을 키워야 한다. 하지만 개혁의 명분이 아무리 좋아도 현실에 맞지 않으면 실패하게 된다. 개혁 법안이 현실에 맞지 않는다면 국회 제정, 개정 과정에서 이를 막아야 한다. 국익을 위해서라면 여론과 국회의 반대를 헤치고 나갈 용기와 역량이 필요하다.

그리고 실무적으로 좀 더 치밀하게 준비해야 한다. 중간 관리자가 사태를 제대로 파악하는 것이 무엇보다도 중요하다. 그리고 국정의 최고책임자가 다가올 위기를 잘 예측하는 것이 무엇보다 중요하다. 위기가 오면 자신의 역량을 최대한 발휘해 이에 대처해 나가야 한다. 도저히 법집행이 어렵다면 대통령이 거부권을 행사하는 것도 고려해야 한다. 거부권은 정부에 주어진 당연한 권한이다. 돌이켜보면 많은 아쉬움이 남는다.

지나치게 잦은 장관 교체도 문제였다. 김영삼 정부 5년 동안 농림부 장관 6명이 교체되었다. 장관 임기가 평균 1년도 채우지 못했다. UR 협상이 타결되고 WTO 체제가 출범하는 중대한 변혁기에 농정 책임자가 이처럼 자주 바뀐 것은 문제였다. 장관을 바꾸는 것으로 시대 변화에 대응하고 위기를 극복하고자 했다는 비난을 면하기 힘들 것이다. 결과적으로 파동에도 제대로 대응하지 못하고, 정책의 지속성과 예측 가능성을 크게 해치고 말았다.

위 취약계층에 전달할 기부물품 포장 2017. 2. 20
아래 국회 꽃생활화운동 출범식 2017. 2. 7

Chapter 04
김대중 정부와 농산물 유통 개혁

1

IMF 위기와 농산물 가격 파동

　김영삼 정부가 끝나고 1998년 2월 김대중 정부가 들어섰다. 김대중 대통령은 농산물 유통 분야에 관심이 많았다. 취임하면 농산물 유통 개선 대책을 역점적으로 추진할 것이라는 소문이 돌았다. 김대중 대통령이 공식적으로 취임하기 전이었다. 정권 인수위 과정에서 너도나도 농산물 유통 대책을 대통령 당선자에게 보고하려고 했다. 기획재정부, 국무총리실, 감사원, 국회에서도 유통 개선 대책을 보고해 달라고 농림부에 요청해 왔다.

　모든 보고 자료는 최종적으로 농림부 유통정책과에서 작성하였는데, 당시 보고 자료를 만드느라 밤을 샌 적도 많았다. 보고 자료는 농림부 유통정책과에서 만들고, 농산물 유통 개선 대책은 농림부가 아닌 타 부처가 대통령 당선자에게 보고하는 식이었다. 주무 부서인 농림부는 한 번도 유통 대책과 관련해 김대중 대통령 당선자에게 직접 보고할 기회를 잡지 못했다. 농림부 실무자들은 너무도 허탈했다.

김영삼 정부는 1998년 2월 말로 임기를 마무리했다. 당시 이효계 농림부 장관에게 이 상황을 말씀드렸다. 장관은 새 정부가 들어서면 떠나지만 그래도 유통 대책은 직접 대통령 당선자에게 보고해야 한다는 말씀을 드렸다. 그 말을 듣고 이효계 장관은 쓸쓸하게 웃으면서 그냥 두라고 하셨다. '누가 보고해도 유통 대책 추진은 우리 부가 할 것이 아닌가.', '누가 보고하는지가 중요한 것이 아니고 누가 추진하는가가 더 중요하다.'고 말씀하셨다.

그렇게 해서 주무 장관인 농림부 장관은 농산물 유통 대책과 관련해 차기 정부에 한 번도 보고하지 못하고 퇴임하였다. 이효계 장관은 몇 년 전에 돌아가셨다. 생전에 직원들에게 다정다감하고 온화하게 대해 주신 장관이었다. 그 온화하신 성품이 수시로 생각난다.

1998년 2월에 김대중 대통령이 취임했다. 당시 김대중 정부가 제일 시급히 해결해야 할 과제는 IMF 위기 극복이었다. 경제 전반에 걸쳐 긴축과 구조조정이 이루어졌다. 사료 곡물 수급 불안 등 농업 분야에도 여러 가지 위기가 닥쳐왔다. 농산물과 식품 가격이 상승하고 수급에 차질이 생겼다. 소비자들은 아우성이었다.

사료 가격이 상승하였으나 송아지 가격은 하락하여 축산 농가가 어려움을 겪었다. 송아지를 과천 청사에 끌고 와서 버리는 일도 있었다. IMF 위기는 금융, 경제, 노동 등 국가 전반에 많은 어려움을 가져왔다. 그 중에서도 직격탄을 맞은 곳이 바로 농업 분야였다.

―― 김재수 장관이 2017년 1월 서울 경동시장을 방문해 상인들로부터 농축산물 물가동향에 대해 듣고 있다.

탁상과 현실의 차이 절감

김대중 정부의 첫 농림부 장관으로 1998년 3월에 김성훈 장관이 임명되었다. 중앙대학교 교수였던 김성훈 장관은 당면한 IMF 위기를 수습하기 위해 동분서주하였다. 농업 분야의 산적한 과제도 해결해야 했다. 농협과 축협을 통합하고, 수세를 폐지하고, 농지개량조합농조과 농지개량조합연합회농조연합회, 농어촌진흥공사 등 3개 농업 공기업을 농업기반공사 하나로 통합하는 등 많은 개혁 정책을 추진하였다. 개방의 소용돌이를 헤쳐 나가면서 농정의 여러 과제를 개혁하고

자 몸을 던져 일한 장관이었다.

애그 플레이션ag-flation이라고 부르는 농산물 가격이 원인이 된 인플레가 일어났다. 나는 당시 유통정책과장으로 농산물 수급상황실을 만들어 품목별로 가격동향을 점검하고 대책을 마련하였다. 밀가루가 문제였다. 밀가루가 공급이 증가하는데도 불구하고 가격은 지속적으로 상승하였다. 밀가루 가격이 지속적으로 상승하니 소비자들의 밀가루 구입이 더 늘어나고 매점매석 사태로 변해갔다. 행정역량을 총동원하고 밀가루 공급업체들의 협조를 얻어 어렵게 사태를 수습하였다.

밀가루 사태를 수습하면서 많은 교훈을 얻었다. 탁상과 현실은 너무 다르다는 사실을 절실히 깨닫게 되었다. 농산물 수급 안정은 이론대로 되지 않는다. 공직자가 현장을 잘 알고 실천 가능한 대책을 추진하는 것이 무엇보다 중요하다. 자칫하면 쉽게 가라앉힐 수 있는 작은 파동이 큰 국가적 위기로 확대될 수 있다.

농산물 가격 불안정 사태를 어느 정도 수습하자 이번에는 세계 곡물시장에 위기가 왔다. 국내 식량 사정도 불안해졌다. 나는 식량 파동이 우려되니 국내 식량 시장을 안정시키라는 명을 받고 식량정책과장으로 전보되었다.

2

칠레와 사상 첫 자유무역협정 체결

김대중 정부의 당면한 과제는 IMF 사태 극복이었으나 시장 개방 대책을 추진하는 것도 중요한 국정과제였다. 1995년에 WTO 체제가 출범하였고 세계화가 급속히 진행되고 있었다. 지역주의를 극복하고 양국 간 교역을 증진시키기 위해서 양자 간 자유무역협정도 활발히 추진되었다. 다자간 통상정책을 추진하는 동시에 양자 간 무역정책도 중점적으로 추진한 것이다. 개방화로 단일 거대 시장으로 가는 움직임이 빨라지고 있었다. 국내 대책 마련도 시급했다. 그러나 국내에서 처음 추진하는 양자 간 자유무역협정이라 우려가 많았고 반대도 심했다.

김대중 정부의 두 번째 농림부 장관으로 2000년 8월에 한갑수 장관이 부임하였다. 농산물 시장 개방에 반대하는 국내 농업계와 농민의 반대 여론은 날로 높아져 갔다. 농민들의 시위와 개방 반대 집회가 곳곳에서 일어났다. 장관이 직접 농민들의 집회나 시위 현장을 찾아가 설득하였으며 많은 애로가 있었다. 국내 농업의 경쟁력을 높이기 위한 정책도 추진해야 했다. 탁월한 행정 전문성과 정치 역량을 가지고 있었던 한갑수 장관은 한·칠레 자유무역협정, 한중 마늘협상 등 어려운 과제를 수행하였다.

한국과 칠레 간의 자유무역협정은 상당 기간 전부터 물밑에서 추진되었다. 1998년 11월 대외경제정책조정회의에서 공식 결정되었고, APEC 정상회의에서 양국 간 공식적으로 체결할 것을 합의하였다. 5년의 협상과 보완을 거쳐 한·칠레 자유무역협정은 김대중 정부가 끝나기 1년 전인 2002년 10월 25일 타결되었다. 노무현 정부가 들어선 2004년 2월 우리나라 국회에서 비준되었고, 그해 4월 1일 한·칠레 자유무역협정은 발효되었다.

나는 2001년 5월 농산물 유통국장으로 발령 받고 며칠 후 자유무역협정을 추진하는 칠레로 출장을 갔다. 그간 논의된 상황을 최종 점검하기 위해서였다. 칠레로 향하는 비행기 안에서 많은 고민이 되었다. 이번에 출장을 마치고 오면 사실상 양국 간 자유무역협정이 체결된다. 협상 준비와 점검을 하고, 향후 전망을 생각하니 걱정이 많이 되었다.

협상 대표단장인 황두연 통상교섭본부장은 차질 없이 잘하라고 격려해 주었다. 힘이 되었으나 어깨는 여전히 무거웠다. 자유무역협정

을 체결하고 난 후 예측하기 어려운 상황이 벌어질 수도 있었다. 잘
못되면 실무자인 나에게 책임도 돌아올 것이었다. 현지에 내려 제반
상황을 점검하고 칠레 측 관계자와 협의를 했다. 농산물 시장도 둘러
보았다. 큰 어려움은 없을 것으로 예상되었으나 마음은 무거웠다.

칠레는 큰 나라이다. 이미 독일 등 유럽 선진국 자본이 칠레 농업
분야에 투자되어 농산물 경쟁력이 높은 나라였다. 예기치 못한 상황
이 벌어질 수 있어 걱정이 많이 되었다. 사상 최초의 양자 간 자유무
역협정은 그렇게 시작되어 어렵게 타결되었고, 2004년 4월부터 발효
되었다.

FTA 영향 평가는 여러 분야를 종합적으로 고려해야

한국과 칠레의 자유무역협정이 2004년에 발효되었다. 이후 지금
까지 협정의 영향은 다양하게 나타났다. 당시에는 우려되는 측면이
있었다. 사상 첫 자유무역협정이 가져올 부정적인 영향을 걱정하였
으나 협정 타결에 따른 보완 대책을 추진하였기 때문에 다소 안심도
되었다. '선 대책 후 비준'을 강조하는 여론에 따라 1조 2천억 원의 기
금을 조성하였고, 관련 법령도 마련되었다.

한·칠레 FTA에 대비해 국내 대책을 미리 수립하고 실행에 옮긴
것이 상당한 효과가 있었다. 한·칠레 자유무역협정의 영향을 두고

말이 많았다. 많은 영향 분석이 이루어졌고 평가 결과도 다양하게 나왔다. '특별한 영향이 없다.', '아니다, 상당한 피해가 있다.', '칠레산 포도 수입이 증가하였으나 국산 포도 수요는 소폭 감소하였다.'는 식으로 여러 다양한 주장이 나왔다. 영향 분석에는 여러 가지 변수와 요인을 종합적으로 고려해야 한다. 장단기 분석도 해야 한다. 정부의 피해 지원 대책도 나름대로 효과를 보았다.

소비 수요 변화, 기술 변화 등 여러 요인도 작용했다. 소비자 후생이 일정 부분 증가한 것도 있다. 따라서 한·칠레 자유무역협정의 영향을 일률적으로 '우려할 바 아니다.'는 식으로 단순 평가하기는 어렵다. 계량화하기 힘든 부분도 많기 때문이다.

칠레와의 FTA 영향을 기준으로 우리보다 우위에 있는 미국, 중국, EU와의 FTA 협정을 과소평가해서는 안 된다. 우리 농업에 특별한 영향이 없을 것이라는 낙관적 견해는 금물이다. 실물 부문의 영향에 국한시키지 않고 투자나 유통, 서비스 분야 등 다른 부문의 영향도 함께 고려해야 한다.

포도주를 싸게 사먹을 수 있다고 한 고위공직자

'포도주를 싸게 사 먹을 수 있다.'는 경솔한 발언을 한 고위공직자도 있었다. 어느 날 정부의 고위 관계자가 라디오에 출연해 자유무역협정에 대한 정부의 입장을 설명하는 과정에서 나온 말이다. "이제 우리는 포도주를 싸게 사먹을 수 있게 되었습니다."라고 한 것이었다. 그 말을 듣는 순간 내 귀를 의심하였다. 자칫 포도주 싸게 먹으려고 이렇게 비싼 희생을 치르고 있다는 말로 들릴 소지가 있었기 때문이다. 고위공직자의 말로는 대단히 부적절해 보였다. 지금 같았으면 네티즌들이 들고 일어나 난리가 났을 것이다.

협상에 임하는 부처 간 갈등의 원인은 간단했다. 개방을 하지 말자는 것이 아니라 개방 속도를 조절하자는 것이었다. 개방의 원칙을 피할 수 없다고 하더라도 단계적으로 천천히 하자는 것이 농업계의 주장이었다. 반면에 어차피 개방이라는 대세는 피할 수 없게 되었으니 국제 흐름에 맞춰 가자는 것이 산업자원부 등 다른 부처의 입장이었다. 방향은 같으나 속도와 수단에서 입장 차이가 난 것이다.

부처별로 각자 입장이 다른 것 같았지만 실상은 별 차이가 없는 셈이었다. 부처 간 유기적으로 협조 체제를 구축하는 것이 무엇보다 중요했다. FTA 협정은 언제나 상대방이 있는 작업이다. 우리의 입장만 100% 관철시키기는 사실상 어렵다. 상호이해의 균형을 추구하면서 우리 농업의 민감성도 반영해나가는 것이 중요하다. 물론 쉽지 않은 과제이고 현실 여건도 어렵다. 우리 협상 담당자가 소명의식을 가지고 감당해야 할 몫이라고 생각한다.

하버드대학의 대니 로드릭Dani Rodrik 교수가 쓴 『더 나은 세계화를 말한다』*One economics, many recipes : globalization, institutions, and economic growth*를 읽고 느낀 바가 많았다. 로드릭 교수는 WTO 체제에서 성공한 나라는 중국과 인도라고 하였다. 두 나라는 WTO가 시키는 대로 하지 않았기 때문이라는 것이었다. 니콜라 사르코지 전 프랑스 대통령도 유사한 내용을 강조하였다. 2011년 6월 프랑스 파리에서 열린 G20 농업장관 회의에서 당시 사르코지 대통령은 '규제 없는 시장은 시장이 아니다.'고 강조했다. 농업이나 농산물 무역에서 일정한 규제는 불가피하다고 한 그의 연설은 많은 박수를 받았다.

내가 말하고 싶은 것은 자유무역협정 체결이 능사가 아니라는 점이다. 더구나 대통령의 정상방문 때 구색용으로 자유무역협정을 추진하는 식이 되어서는 절대로 안 된다. 이미 미국, 중국, EU, 호주, 인도 등 세계 주요 국가들과는 자유무역협정을 체결하였다. 경제 규모가 작거나 우리와 교역 관계가 거의 없는 국가와의 자유무역협정은 신중하게 추진해야 한다. 하지 말라는 이야기가 아니다. 필요하면 추진해야 하지만 대통령 정상방문에 액세서리를 다는 식으로 자유무역협정을 추진하는 짓은 이제 그만두자는 말이다.

시장 개방을 다루는 통상 협력 분야는 항상 긴장한 가운데 국제적 흐름을 잘 파악하고 있어야 한다. 수시로 흐름이 변하고, 겉으로 나타나지 않더라도 물밑에서 거대한 변화가 일어나는 경우가 흔하기 때문이다. 거대 흐름의 변화는 초기 단계에서 그 단초를 파악해 물줄기의 흐름을 따라잡아야 한다. 자유무역협정은 나라마다 여러 가지 다양한 이유로 추진한다. 반드시 교역 증대나 복지증진만이 목적이 아닌 경우가 많다. 국가 전략적 차원에서 추진되는 경우도 많다. 미국과 이스라엘이 왜 가장 먼저 자유무역협정을 체결하였는지를 생각해 보면 알 수 있는 일이다.

3

한중 마늘협상 파동을 겪으며

중국산 마늘의 수입이 증가하여 농민의 피해가 커지자 우리 정부가 중국산 수입 마늘에 대해 고율 관세를 부과하였고, 이를 해결하는 과정에서 많은 어려움을 가져온 것이 한중 마늘협상 파동이다.

우리나라 농업에서 마늘은 쌀 다음으로 중요하다. 마늘은 단군신화에 나올 정도로 우리 민족정서와도 깊은 관계를 갖고 있다. 마늘을 재배하는 전체 농가 수가 42만 가구이다. 마늘은 시장 규모가 1조원에 이를 정도로 주요한 농가 소득원이다. 소비자들도 마늘을 선호한다.

UR 협상에서 일반 마늘은 소비량의 2~4%에 해당되는 최소 수입 물량을 수입하되 50%의 관세율로 수입토록 하였다. 통마늘 수입이 어려워지자 관세가 낮은 냉동 마늘이나 초산 조제 마늘의 수입이 증대되었다. 마늘의 기본 관세는 30%였으니 이들 품목의 수입이 크게 증가하였다. 중국산 마늘 수입은 1998년 5400톤에서 1999년에는 2

만 2600톤으로 크게 증가했다. 마늘 농가의 피해가 컸고, 농민들 불만이 많아졌다. 고율 관세를 부과하여 중국산 마늘 수입을 막아달라는 요구가 제기되었다.

중국산 마늘 관세 높이자 중국이 보복

1999년 9월 마늘 농가의 피해를 우려한 농협이 관련 규정에 의한 산업 피해 구제를 무역위원회에 신청했다. 조사결과 중국산 마늘 수입 증가로 인한 피해가 인정되어 1999년 11월 중국산 냉동 마늘과 초산 조제 마늘에 대한 관세를 315% 상향 조정하였다. 2000년 6월에는 국제규범에 근거한 피해 구제조치인 세이프가드SG를 발동하였다. 특정 상품 수입으로 국내 산업에 피해가 크면 수입국에서 관세를 인상하거나 수입량을 제한할 수 있는 것이다.

그러자 중국은 이를 받아들이지 않고 즉각 반발했다. 한국산 휴대폰과 폴리에틸렌에 대해 수입 중단 조치를 내린 것이다. 마늘 생산량의 대부분을 한국에 수출하는 중국의 농가들이 발칵 뒤집혔을 것이다. 국내에서는 마늘 때문에 공산품 수출이 막혔다고 야단이었다.

파장은 일파만파로 커졌다. 이른바 소탐대실론이 제기되었다. 980만 달러에 불과한 마늘을 지키려다 5억 달러의 공산품 피해를 입게 되었다는 것이다. 소탐대실을 초래한 정부 조치에 대한 비난은 점점 커져갔다. 정치권은 이듬해 2000년으로 예정된 총선을 의식해 농민의 민심 동향에 신경을 곤두세웠다.

중국 측의 불만도 컸다. 한중 무역적자를 들고 나왔다. 한국이 중국과의 교역에서 100억 달러 흑자를 내면서 마늘 때문에 이런 조치를 취하는 것은 너무 심하다는 불만이었다.

농림부는 마늘 농가 피해가 워낙 크고, 국제규범에 의한 합법적인 조치라고 주장했다. 산업자원부, 기획재정부, 외교부 등에서는 지나친 조치라고 반발했다. 농림부가 국제무역 규범을 모른다고 몰아세웠다. 하지만 국제무역 규범에도 외국산 농산물 수입으로 국내 산업에 피해가 크면 당연히 특별조치를 할 수 있도록 되어 있다. 정당한 조치였음에도 불구하고 관련 부처와의 갈등을 조정하는 데 많은 애로가 있었다. 국내 갈등을 조정하고 외국과 무역 마찰도 줄이는 것은 쉬운 일이 아니다. 그러나 이런 일 역시 정부가 감당해야 할 몫이다.

국내 여론 악화되자 중국에 백기투항

여러 차례 협의와 진통을 거쳐 재협상을 하고 당정협의도 열렸다. 2000년 7월 31일 마침내 한중 마늘협상이 어렵게 타결되었다. 중국의 요구를 거의 다 들어준 백기항복 수준의 협상을 한 것이다. 중국은 보복 조치를 해제하였다. 우리에게 많은 아픔을 남긴 협상이었다.

세이프가드 시한도 2002년 말까지 하기로 합의했다. 중국과 맺은 합의 부속서에 세이프가드를 2003년 1월 이후 연장하지 않는다는 내용이 포함되었다. 껄끄러운 내용이었다. 세이프가드를 2003년 1월 이후 연장하지 않겠다는 내용은 뜨거운 감자였다.

한중 마늘협상이 어렵게 타결되었고 세월이 흘렀다. 고율관세 조치를 추가 연장하자는 주장이 제기되었다. 그러나 세이프가드 조치는 한 번만 한다는 조항이 걸림돌이었다. 중국과 협상하면서 고율관세 조치는 2003년부터 하지 않는다고 약속한 것이다. 공식적인 합의서가 아닌 이른바 이면합의 형식의 문서를 준 것이다.

중국의 주장 앞에 우리는 고전했고, 내내 끌려 다닐 수밖에 없는 상황이었다. 그런 사정도 모르고 농협은 긴급관세 조치를 추가 연장해 달라는 요구를 무역조사위원회에 제출하였다. 2002년 6월 이후 이의 처리를 두고 농림부, 산자부, 기재부, 외교부 등 관계 부처가 여러 차례 회의를 하였다.

2년 전 마늘협상을 담당했던 사람들은 거의 바뀌었다. 나를 포함해 새로 마늘 문제를 담당하는 사람들은 종전 합의 내용을 잘 알지 못했다. 긴급관세 조치는 2003년부터 하지 않는다는 사실은 전혀 알지 못했다. 관계 부처 국장들이 몇 차례 회의를 하면서 이런 합의 사실을 뒤늦게 알게 되었다. 난리가 났다. 영원히 알려지지 않을 것으로 생각했던 내용이 2년도 되지 않아 공개되고 만 것이다. 나라가 발칵 뒤집혔다. 국민을 속였다는 것이었다. 이른바 한중 마늘협상 이면 합의서 파동이었다.

이면합의서 파동

'한중 마늘협상 국민을 속였다.'

2002년 7월 어느 날 국내 일간지 1면 톱기사로 올라온 제목이다. 마늘협상과 처리를 두고 관계 부처가 미온적으로 대처하는 사이에 협상 내용이 언론에 알려지게 되었다. 조선일보 최원규 기자의 특종 보도 후 각 신문이 일제히 이 사건을 다루었고, 1주일 간 거의 모든 신문의 톱뉴스로 등장했다.

관계 부처에 비상이 걸렸고, 성난 민심으로 전국이 들끓었다. 한밤에 긴급전화를 받고 새벽에 서규용 차관과 함께 대책회의를 하러 팔레스호텔로 나갔다. 기재부, 산자부, 외교부 등의 관계 부처 차관이 참석하였다. 당시 외교부 보도자료에 세이프가드SG를 한번만 부과한다는 내용이 없었다. 즉 외교부가 그런 내용을 발표하지 않아서 농림부는 몰랐다는 주장을 폈으나 먹혀들지 않았다. 당시 윤진식 기재부 차관은 '농림부는 외교부 보도자료 보고 일하나.'라고 핀잔을 주었다. 많은 우여곡절이 있었다. 조선일보 최원규 기자는 이 특종보도로 '올해의 기자상'을 수상했다.

SG를 한번만 부과한다는 것을 알았느냐 몰랐느냐, 외교부는 알았느냐. 농림부는 몰랐느냐, 언제 알았느냐, 누구에게서 보고 받았느냐, 중국에 협상팀은 누가 갔으며 무슨 조치를 하였는가? 외교부는 알았느냐, 알고 무슨 조치를 취했느냐는 등 온갖 질문이 이어졌다. 사태 수습도 늦었다. 과천 국무회의실에 앉아 서규용 차관, 소만호 기획실장과 나, 셋이서 발표 자료를 만드느라 시간이 늦어졌다. 기자들은 상황 설명이 늦어지자 짜증을 냈고 사태는 점점 더 꼬여만 갔다.

마늘 농가의 반발이 거셌고 농민들의 분노는 엄청났다. '정부가 농민을 상대로 사기를 쳤다.', '사대적이며 굴욕적인 협상을 했다.', '한중 마늘 비밀 협상 무효화하라.', '긴급수입제한 조치 발동하라.', '대통령이 사과하고 책임자를 처벌하라.', '국정조사권을 발동하라.'는 등 마늘협상 백지화와 재협상을 요구하는 농민들의 반대 목소리가 거세게 터져 나왔다. 농민 시위가 전국적으로 확산되었다.

4

마늘 시위 현장으로

긴급히 관계 장관 회의를 하고 수습 대책을 마련하였다. 마늘 재배 농민을 무마하기 위해 총 1조 7천억 규모의 마늘 산업 종합대책을 수립했다. 밤 세워 마늘 대책을 만들어 언론에 설명하고, 농민 단체에도 협조를 요청하였다. 그러나 사태는 쉽게 진정되지 않았다. 정부를 규탄하는 플래카드가 전국 농촌 곳곳에 나붙고 있었고, 생산 지역 중심으로 도처에서 시위가 일어났다.

한국농업인연합회(회장 박홍수) 주도의 대정부 반대 집회가 2002년 8월 2일 마늘 주산지인 경북 의성군에서 개최되었다. 전국 각지의 농업인, 농민단체, 시민단체, 언론 종사자 등 1만여 명이 몰려들었다. 당시 집회를 주도한 사람이 박홍수 한농연 회장이었다.

한중 마늘협상은 전임 유통국장 시절에 타결되었으나 내가 후임자로 책임지고 사태를 수습해야 했다. 의성의 반정부 집회에서는 농림부 장관을 현지에 내려오라고 야단이었다. 나는 장차관이 현장에 직접 가기는 어렵다고 판단했다. 마늘 담당 국장으로서 농민들에게 정부 대책을 직접 설명해야겠다는 생각에 내가 의성의 집회장으로 향했다. 위험하다고 말리는 직원들도 많았으나 가지 않으면 안 되었다. 사실은 가는 게 옳은 일이냐를 놓고 고민이 많았다. 그러나 정면 돌파가 필요하다고 생각했다. 공직자의 운명이라는 생각도 들었다. 옷 벗을 각오를 하고 현장에 가기로 했다.

1조 7천억 규모의 마늘 대책 수립

의성으로 출발하기 전날 아내에게 다음날 의성 데모 현장으로 출장을 가는데 '어쩌면 나의 공무원 생활이 거기서 마감될지도 모르겠다.'는 말을 했다. 그곳 데모 상황이 워낙 심상치 않았다. 자칫 큰 사고가 날 우려도 있고, 현장에 갔다가 시위대로부터 봉변을 당할 수도 있다는 등의 걱정을 했다. 아내는 너무 걱정하지 말라고 했지만 마음이 착잡했다. 평소에 쓰는 안경 대신 집에 있는 튼튼한 뿔테 안경으로 바꾸어 썼다. 시위대가 던진 물건에 안경이 부서져 다칠 수도 있다고 생각했다.

행사 하루 전 미리 현장에 도착하여 사전 점검을 했다. 농림부 유통국장이라고 하니 모두가 '간도 크다, 여기가 어디라고 왔느냐.'고

했다. 시위대 측에서는 '장관을 오라고 했는데 왜 국장이 왔느냐.'고 항의했다. 마늘 산업 대책을 내가 만들었기 때문에 직접 설명을 하러 담당 국장이 왔다고 설명했다. 현장을 둘러보니 너무도 살벌했다. 한 마디로 기가 막혔다. 시위대는 김대중 대통령을 비롯해 주요 각료의 화형식을 준비하고 있었다.

시위대는 김대중 대통령, 최성항 외교부 장관, 한덕수 통상교섭본부장, 김동태 농림부 장관의 허수아비 모형을 만들어 화형식을 할 태세였다. 내일 행사 중에 김대중 대통령 화형식을 하겠다는 것이었다. 실로 난감한 일이었다. 한 나라의 대통령이 이런 일로 화형식을 당하면 되겠는가. 나는 매달리다시피 사정하고 설득해서 대통령의 화형식만은 하지 말아 달라고 했다.

다음날 본격적으로 행사가 시작되었다. 당시 정해걸 의성군수(전 국회의원)와 함께 아침식사를 함께 하면서 대책회의를 했다. 경찰 관계자가 와서 유통국장은 행사단상에 올라가지 않으면 좋겠다고 한다. 너무 위험하다고 했다. 신변보장이 어렵다고도 했다.

나도 고민이 되었다. 하지만 마늘 대책을 발표하러 여기까지 왔는데 내가 안 올라가면 되겠는가. 나는 어떤 일이 있어도 단상에 올라가 직접 대책 발표를 하겠다고 했다. 한편으로는 걱정도 되었다. 불상사가 나면 어쩌나.

대통령 화형식은 무조건 막아라

시간이 되어서 행사장으로 갔다. 공식행사가 시작되기 전이었다. 의성 지역 출신 국회의원인 정창화 의원이 마이크를 잡았다. 그는 자초지종을 설명하면서 자신이 정부를 혼내주었다는 말을 했다. 그 말에 군중들의 야유가 쏟아졌다. '집어치워라! 내려가라!'는 등의 소리가 들리며 소란이 일어났다. 마늘을 단상으로 던지고 계란도 날아들었다. 그러다 갑자기 카메라 삼각대가 단상으로 날아들어 정창화 의원 머리에 떨어졌다. 황급히 몸을 피했으나 머리를 맞아 피가 철철 흐르기 시작했다.

곧바로 행사가 중단되었다. 급히 사고 현장을 수습하고 인근 병원으로 이송했다. 나는 단상에 올라가 마늘 대책을 설명하고 싶었으나 하지 못했다. 흥분한 집회 참가자들이 잡히는 대로 물건을 집어던지면서 행사장은 엉망이 되었다. 끌고 온 경운기를 뒤집어 불을 지르자 불길이 하늘 높이 올랐다. 행사는 중단되고 주변은 난장판이 되었다. 시위대는 군청을 향해 항의 소리를 지르고, 정부를 비난하는 구호를 외쳤다. 다행히 큰 부상자는 나오지 않고 현장이 수습되었다.

행사가 중단되자 나는 곧바로 정창화 의원이 치료를 받고 있는 병원으로 갔다. 머리에 붕대를 칭칭 싸매고 있었다. 머리가 터져 14바늘을 꿰맸다고 했다. 정 의원은 내 손을 잡더니 눈물을 흘리셨다. 나도 눈물이 났다. 붕대로 머리를 감고 우는 정창화 의원의 모습을 보니 너무 안타까웠다. 의성 지역의 5선 국회의원으로 당시는 야당의원이었다. 알게 모르게 지역과 농민을 위해 많은 일을 해왔는데 그런 봉변을 당하니 슬프고 감정이 북받쳤을 것이다.

정부에 대해 농민들이 갖고 있는 원망은 물론 충분히 이해가 갔다. 그런 원망을 담아 분풀이한 것이겠지만 다친 사람을 보니 가슴이 아팠다. 농민 단체장들은 나에게 위로의 말을 건넸다. 집회는 엉망이 되었지만 담당 국장이 직접 현장에 와서 농민들과 대화하려고 애쓰는 모습을 보고 조금은 마음의 위로가 되었다고 했다.

사태를 수습하고 나니 심신이 너무 지쳤다. 모든 것이 힘들었다. 해외 근무를 나갔으면 하는 생각이 들었다. 마침 주미 한국대사관의 농무관이 임기가 만료되어 귀국한다고 하였다. 나는 미국 주재 농무관을 지원하여 2003년 2월부터 워싱턴 D.C에 있는 한국대사관에서 농무관으로 근무하였다. 주미 한국대사관에 가보니 내 상관인 경제공사가 최종화 전 요르단 대사였다. 한중 마늘협상의 대표단장으로 중국과 마늘협상을 총괄했던 분이다.

최 공사는 중국과 협상 당시에 이미 요르단 대사로 내정되어 있었다. 그래서 신속히 협상을 마치고 요르단으로 부임해야 하는 상황이었다. 그리고 요르단 대사 임기를 마치고 주미 한국대사관 경제공사로 부임해 온 것이었다. 이래저래 사람의 인연은 알 수가 없다. 언제

어디서 어떤 모습으로 다시 만나게 될지 모르는 것이다.

농민 시위 주도했던 박홍수 장관

농민 시위를 주도한 사람은 박홍수 한국농업인연합회 회장이었다. 그 뒤 박홍수 회장은 노무현 정부의 세 번째 농림부 장관이 되었다. 김대중 정부에서 마늘 농민의 시위를 주도한 농민 단체의 장이 노무현 정부에서 농림부 장관으로 발탁된 것이다.

나는 2007년 주미 한국대사관 농무관을 마치고 귀국하였다. 곧바로 박홍수 장관을 찾았다. 당시 박홍수 장관은 과로와 지병으로 혼수상태가 되어 연세대학교 병원에 입원해 있었다. 이미 의식이 없었다. 홀로 병실에 누워 있는 박홍수 장관을 바라보니 착잡하였다.

얼마 뒤 박홍수 장관은 눈을 감았다. 온갖 생각이 떠올랐다. 열심히 일한 장관이었다. 농민 단체 장으로, 농림부 장관으로, 국회의원으로 열심히 인생을 살아온 사람이다. 농민의 한 사람으로 농업 분야의 수장이 되었고, 우리 농업 발전을 위해 많은 일을 하신 분이었다. 그의 쓸쓸한 마지막 길을 지켜보면서 많은 생각이 들었다.

마늘 파동이 지나가고 2002년 7월 어느 날 국회에서 김동태 장관, 서규용 차관과 함께 점심식사를 하고 있었다. 식사 도중에 서규용 차관이 전화를 받았다. 당시 청와대 박지원 비서실장으로부터 걸려온 전화였다. 해임 통보를 받은 것이었다. 한덕수 청와대 경제수석도 동시에 교체되었다. 전임 통상교섭본부장이었다.

한중 마늘협상 사태는 이렇게 고위직들이 물러나는 것으로 마무리되었다. 당시 물러난 서규용 차관은 이명박 정부에서 농림부 장관으로 발탁되었다. 당시 정해걸 의성군수는 제18대 국회의원이 되어 농림해양위원회에서 일했다. 물러난 한덕수 경제수석은 나중에 국무총리로 발탁되었다.

마늘 파동이 남긴 교훈

당시 그 일을 겪으며 많은 분야에서 큰 교훈을 얻었다. '굴욕과 교훈'을 남긴 역사적 파동이 된 것이다. 첫 번째 교훈은 타국과의 협상은 반드시 국민이 납득할 수 있는 내용으로 최선을 다해서 추진해야 한다는 사실이다. 그리고 국제법적으로 원칙과 기준에 맞도록 추진해야 한다. 그리고 협상 내용에 다소 미흡하고 껄끄러운 내용이 있어도 국민에게 있는 그대로 발표해서 알려야 한다는 것이다.

세상에 영원한 비밀이란 없다. 그리고 협상은 반드시 상대가 있기 때문에 우리 주장만 100% 관철시키기는 어렵다는 사실을 알아야 한다. 적정한 수준에서 상대방과 타협점을 찾아야 서로 윈윈 할 수 있다. 그리고 국내 압력에 굴복하여 외국과의 협상을 그르치면 안 된다는 점도 명심해야 한다. 그러기 위해서는 충분한 여론 수렴을 하고 부처 간 의견 조율을 제대로 하는 것이 중요하다.

이밖에도 사건의 발생과 마무리 과정에 오고간 일화는 너무나 많다. 지금도 공직에 있는 후배들에게 가장 강조하는 말이 바로 '정면 돌파'이다. '그 일은 내 담당이 아니다.', '그건 전임자가 한 일이어서 나는 잘 모르는 일이다.'는 식으로 자기 앞에 닥친 일을 회피하려고 해서는 안 된다. 공직자는 어떤 어려움이 있어도 정면 돌파하겠다는 의지가 있어야 한다.

무엇보다도 분노하고 상처받은 국민들의 목소리에 귀를 기울이는 자세가 중요하다. 현재 닥친 상황을 정확하게 파악해서 국민에게 알리고, 향후 대책을 신속히 세운 다음 이를 정확하고 자세하게 설명하도록 해야 한다.

Chapter 05
노무현 정부와
한미 FTA

1

한미 FTA 추진은
노무현 대통령의 탁월한 선택

　2003년 2월에 노무현 대통령이 취임하였다. 당시 한미 간에는 전시작전권, 스크린 쿼터 등 여러 가지 현안이 많았다. 소고기 문제도 그 중 하나였다. 소고기 문제는 양국 간 큰 통상 이슈였으며, 한미 관계를 매끄럽지 못하게 막는 큰 걸림돌이었다. 노무현 대통령이 취임하기 직전인 2003년 2월 초, 나는 미국 워싱턴 D.C.에 있는 한국대사관에 농무관으로 근무를 나갔다. 농무관으로 근무하면서 두 나라 간 농업 문제를 중심으로 여러 현안들을 담당하였다.

　당시 한미 간에는 쌀 문제, 한미 FTA, 동식물 검역, 광우병 소고기 사건 등 농업 분야 현안이 매우 많았다. 쌀 협상 문제와 미국산 광우병 소고기 이슈가 가장 큰 현안이었다. 내가 농무관으로 재임 중 세 번이나 미국을 방문한 노무현 대통령을 보고 느낀 바가 많다.

　노무현 대통령의 발언과 여러 행동을 보면서 한미 관계를 보는 인식이 과거 대통령들과 매우 다르다고 느꼈다. 한미 관계를 다루는 대응 방안도 역대 대통령과 달랐다. 노무현 대통령은 한미 관계를 비롯해 우리의 외교 전략도 미국에 지나치게 의존하고 있다고 보고 이에 대한 변화를 추구했다. 다양한 관점에서 심도 있게 분석해 볼 필요가 있었던 과제였다. 다만 노무현 대통령도 양국 간 외교나 통상 현안은 지혜롭게 잘 풀어야 한다는 인식을 가졌던 것 같았다.

노무현 대통령은 대통령이 되기 전에는 한 번도 미국을 방문한 적이 없다고 했다. 그러던 사람이 대통령이 되고 나서 세 번째 미국을 방문하면서 한미 FTA를 추진하겠다고 했다. 일반적인 성향으로 보면 노무현 대통령이 한미 FTA를 추진하려고 한 것은 쉽게 이해하기 어렵다. 그런 노무현 대통령이 사람들의 예상을 뛰어넘어 한미 FTA 협상을 시작한 것이다.

한미 FTA 추진은 세계 최강국인 미국의 힘과 영향력을 파악하고 미래를 내다 본 노무현 대통령의 탁월한 선택이었다. 당시 노무현 대통령은 '한국의 경제 발전을 위해서는 한미 FTA를 추진하는 것이 긴요하다.'(Korea-US Free Trade Agreement is essential to the development of the Korean economy.)고 했다. 노무현 대통령의 이러한 발언은 미국 의회보고서에 나와 있다. 그 문건을 본 기억이 지금도 내 뇌리에 생생하게 남아 있다.

노무현 정부에서 한미 간 FTA 협상을 추진하는 것은 중요한 국정

과제였다. 자유무역협정을 추진하는 것은 우리나라의 경제 영토를 확대하는 일이고 장기적인 경제 발전 전략이기도 하였다. 그러나 상대가 미국이라는 세계 최강국이었다. 우리가 경쟁력에서 우위를 가진 분야가 많지 않았다. 많은 고민이 있었을 것이다.

광우병 소고기가 발목을 잡다

2003년 12월 24일 미국 워싱턴주에서 최초로 광우병에 걸린 소가 발생되었다. 미국의 발표가 있자 우리나라는 12월 27일 미국산 소고기 수입을 중단하였다. 미국산 소고기 수입 중단 이후 협상, 부분 해제, 재발생, 수입 중단, 재협상, 부분 재개, 조건부 금지, 수입 재개 등 여러 가지 과정을 거쳐 지금에 이르고 있다.

한미 FTA는 노무현 정부의 중요한 국정과제였으나 걸림돌이 많았다. 그중 대표적인 것이 바로 소고기 문제였다. 미국 소고기 수입을 두고 양국 간에 수차례에 걸쳐 협상이 진행되었으나 최종 타결이 되지 않았다. 다만 소고기 문제가 한미 FTA 협상에 장애가 되지 말아야 한다는 인식은 양국 간에 공감대가 형성되어 있었다.

하지만 당시 우리 농림부의 입장은 다소 달랐다. 미국 소고기 수입 문제는 소고기 검역에 관한 기술적인 문제이고 국민건강과 안전에 관계된 문제이다. 한미 FTA의 통상 이슈와는 다른 차원에서 다루어야 한다는 생각이었다. 그러나 당시 분위기는 당면한 한미 FTA 체결을 위해서는 불가피하게 연계해서 추진하자는 입장이 우세했다. 소고기 수입 때문에 한미 FTA를 반대하기는 어려운 상황이었다. 그런 가운데서도 상당 부분 소고기가 한미 FTA 추진에 발목을 잡고 있었다.

협상 타결 4년 만에 이명박 정부 들어서 국회 비준

한미 양국이 FTA 협상을 공식 시작한다고 선언한 것은 2006년 2월 3일이다. 실제로는 그 전 해인 2005년부터 수차 실무협의, 고위급 협의를 추진해 왔고, 다양한 물밑 접촉도 이루어지고 있었다. 2006년 2월 3일 워싱턴 D.C.에서 김현종 통상교섭본부장이 한미 FTA를 추진하겠다는 공식발표를 했다. 이를 지켜보면서 여러 가지 생각이 들었다.

한미 FTA 추진은 국가의 중요한 정책으로 자리를 잡았고, 이를 추진하는 것이 옳은 방향임이 분명했다. 하지만 앞으로 어떻게 풀어갈 것인가에 대해 걱정이 많았다. 농업 분야는 한미 간에 경쟁력 차이가 너무 컸다. 품목별 가격은 비교할 필요도 없었다.

쌀을 비롯한 밀, 콩, 옥수수, 소고기, 돼지고기, 축산물, 과채류 등이 미국과 경쟁이 되겠는가. 한미 FTA가 타결되어 미국산 농산물이

물밀듯이 밀려오면 우리 농업의 앞날은 어떻게 될 것인가. 너무 걱정이 되었다. 한·칠레 FTA도 그 난리를 쳤는데, 한미 FTA가 추진될 경우 그 파장은 상상도 하기 어려울 정도였다. 대한민국 농업은 과연 어디로 가야 하는가? 고민이 많았다. 그렇다고 FTA 추진을 공개적으로 반대할 상황도 아니었다. 공식적인 입장 표명은 삼가면서 '우리 농업 분야는 소극적'이라는 입장을 견지했다. 농무관으로 무척 힘든 시기였다.

한미 FTA는 양국 간 수차례 협의를 거쳐 노무현 정부의 임기가 끝나기 1년 전인 2007년 4월 2일 협상이 마무리되었다. 협상 내용을 두고 여러 가지 논란이 있었다. 양국이 서로 주고받는 추가 협상을 하였고, 그에 따라 일부 수정과 보완도 이루어졌다. 노무현 정부는 임기 안에 한미 FTA를 마무리하기 위해 많은 노력을 하였으나 국회의 비준을 받지 못했다. 국민들의 반발도 심했다.

야당은 물론 여당 안에서도 반대가 있었다. 우여곡절 끝에 한미 FTA는 타결된 지 4년이 지난 2011년 11월 22일 이명박 정부에 들어서서 대한민국 국회에서 비준되었다. 한미 FTA를 열심히 추진했던 노무현 정부의 주요 인사가 이명박 정부가 들어서자 한미 FTA 비준에 반대하는 일도 있었다.

워싱턴 시내의 어느 식당에서 김현종 본부장과 주미 한국대사관 주재관과의 오찬이 있었다. FTA 협상에도 대비하고 앞으로 추진할 일에 대한 여러 논의를 할 때였다. 외교부가 당면한 여러 가지 애로 사항과 한미 FTA 대비 사항들에 대해 논의하였다.

참석자들 가운데서는 조직과 인력을 늘려야 한다는 주장이 많았 다. 나는 그 말에 원칙적으로 동의하면서도 '이 많은 업무를 사람 몇 명 늘려서 해결되겠는가. 근본적인 업무 개선이 필요하다고 생각한 다.'고 주장했다. 내 말을 듣고 김현종 본부장이 '농무관 말에 동감한 다.'고 하면서 여러 방안을 강구하자고 했다. 나는 그날 회의 진행을 보면서 김현종이라는 사람이 '행정을 상당히 아는 사람이구나.' 하는 생각을 갖게 되었다.

2

광우병 소고기 파동

　2003년 12월 23일 미국에서 광우병BSE 소고기가 발생하였다. 미국에서 처음으로 발생한 일이다. 껄끄러운 사항이고 전례가 없어 미국도 당황하였다. 그해 12월 27일 우리나라는 미국산 소고기 수입을 중단하였다. 미국산 소고기의 수입 중단 이후 수차례 협상과 수입 재개, 금지, 재개 등 우여곡절을 겪었다. 여러 차례 미국산 소고기 수입이 금지된 것은 우리의 잘못만이 아니었다.

　미국에서 연달아 광우병이 발생되었기 때문이다. 2005년 6월 10일은 미국 텍사스주에서, 2006년 3월 13일은 앨라배마주에서 연달아 광우병이 발생했다. 2003년 12월 광우병 발생 초기부터 최근 상황까지를 돌이켜 보면 여러 가지 일들이 떠오른다. 많은 파동과 위기로 점철된 시간이었다. 자칫 양국 간 외교관계를 위험에 빠트릴 정도의 위기 상황도 있었다. 좀 더 슬기롭고 효과적으로 대처했더라면 큰 파동을 겪지 않고 넘어갈 수 있었을 것이라는 아쉬움이 남는다.

하루 만에 끝난 플로리다 휴가

한미 간 농업 분야 현안이 너무도 많았던 2003년이었다. 연초 주미 한국대사관 농무관으로 부임하자마자 쌀 협상, 소고기 협상, 동식물 검역 등 산적한 현안이 기다리고 있었다. 연말이 되어 일도 어느 정도 마무리되어서 며칠간 휴가를 갈 수 있게 되었다. 추운 워싱턴을 벗어나 따뜻한 남쪽 플로리다 지역으로 휴가를 다녀오기로 했다. 며칠간 푹 쉬어보자고 생각했다.

사실 공직자로 근무하면서 맘 편히 휴가를 제대로 가본 적이 한 번도 없었다. 여름휴가 중에도 급한 일로 휴가를 취소하고 사무실에 출근하기도 하였다. 이번에는 제대로 휴가를 한번 가보자고 가족들에게 큰소리를 쳤다. 주미 한국대사관에 노동부에서 파견 나온 전운배 과장 가족과 같이 가기로 했다.

2003년 12월 23일, 워싱턴 D.C.에서 자동차로 15시간을 달려 깜깜한 저녁이 되어서야 플로리다의 숙소에 도착했다. 숙소에 도착하여 짐을 풀고 TV를 틀자 긴급뉴스가 나왔다. 뉴스 내용을 다 알아듣지는 못했지만 '매드 카우 디지즈'mad cow disease란 말이 반복해서 나왔다. 미국에서 처음으로 광우병 소고기가 발생되었다는 말이었다.

사태가 심상치 않다고 판단했다. 머리가 복잡했다.

워싱턴 한국대사관에 있는 이현주 경제참사관에게 전화를 했더니 '우리가 알아서 다 처리할 것이니 걱정 말고 잘 쉬고 오라.'는 말을 했다. 그래도 걱정이 되었다. 한참 생각하다가 내린 결론은 '워싱턴으로 돌아가야 한다.'는 것이었다. 모처럼 간 휴가지만 어쩔 수 없었다. 가족들은 남겨두고 나 혼자 공항으로 나갔다. 새벽 비행기를 타고 워싱턴으로 돌아왔다.

초겨울 비가 추적추적 내리는 워싱턴 D.C. 거리를 보며 착잡한 생각이 들었다. 미국 농무부에 제반 상황을 알아보고 향후 전망 등을 정리하여 본국으로 보고하였다. 미국산 광우병 소고기 사건은 이렇게 미국에서 나의 첫 휴가가 시작되는 날 벌어졌다. 나로서는 쉽게 잊지 못할 추억이다.

미국에 시위하러 온 농민 단체들

한미 FTA 협상 추진 과정에서 많은 우여곡절이 있었고 크고 작은 에피소드도 많았다. 농업 분야의 반대가 특히 심했다. 우리나라의 농민과 농민 단체들이 미국에 와서 반대집회를 할 때의 일이다. 워싱턴 D.C.에서도 한미 FTA 반대 집회가 있었다. 미국의 시민단체들이 동참하기도 했다.

주미 한국대사관의 경찰 주재관이 시위대 측에 안전교육 지침을 전달하였다. 과격한 시위 금지, 경찰 폴리스 라인 준수, 소음 기준 준수 등 관련 주의사항들이 전달되었다. 시위규정을 지키지 않고 하다가 자칫하면 불상사가 날 수 있으니 유의하라는 것이었다.

'미국 경찰의 시위규정을 지켜야 한다.', '시위규정을 위반하면 자칫 일이 커질 수 있다.' 특히 시위대가 경찰에게 물리적 위협을 가하다가는 경찰의 총에 맞을 수도 있다는 사실을 충분히 설명해 주었다. 총에 맞는 것 못지않게 무서운 것은 정신병원에 강제수용될 수도 있다는 조항이었다. 정신병원에 강제로 수용되면 언제 풀려 나올지 기약도 없다. 그런 경우에는 한국대사관에서도 도와줄 방법이 없었다. 시위대를 상대로 이런 조항들을 일일이 설명해 주던 기억이 난다. 다행히 시위는 큰 불상사 없이 끝났다. 정말 다행스러운 일이었다.

30개월 미만 뼈 없는 살코기만 수입하기로

미국산 소고기 수입이 금지된 2003년 12월 이후 우리는 미국을 상대로 여러 차례 협의를 하였다. 실무자 회의, 고위급 회의, 전문가 협의, 가축방역협의회 등이 여러 차례 개최되었다. 한국의 비정부 단체 NGO 관계자들이 미국 현지를 방문하기도 했다. 양국 간 여러 차례의 협상을 거쳐 2006년 9월부터 미국산 소고기 수입이 재개되었다. 수입조건은 '30개월 미만 월령의 소에서 도축된 뼈 없는 살코기'로 정해졌다.

하지만 이처럼 어렵사리 재개된 미국산 소고기 수입은 2006년 10월 또다시 중단되고 말았다. 미국산 소고기에서 뼛조각이 검출되었기 때문이다.

30개월 미만 된 소에서 도축된 살코기만 수입하겠다는 우리의 주장은 '뼛조각 사건'에서 또다시 난관에 부딪치고 말았다. 우리가 수입하겠다는 것은 '뼈 없는 소고기'boneless beef였다. 소고기에서 뼈가 하나도 안 나와야 하는 것이었다. 그런데 2006년 10월 우리 검역 당국이 미국에서 들여온 9톤의 소고기에서 뼛조각을 발견하고 전량을 반송시키는 일이 일어났다.

수입된 소고기에서 발견된 뼛조각의 크기는 5밀리미터 정도로 아주 작은 것이다. 뼈 없는 살코기인데 뼈가 나왔으니 규정 위반이라며 모두 반송 조치해 버린 것이다. 우리의 검역방식에 미국은 반발하였다. 다시 협상을 거쳐 2007년 3월, 뼛조각이 발견되는 경우 해당 상자만 반송키로 하는 등 검역 조건을 완화하였다.

이어서 2007년 4월 27일부터 미국산 소고기의 수입이 재개되었다. 본격적인 소고기 수입이 재개되었으나 2007년 10월 특정위험물질SRM인 등뼈가 수입 소고기에서 발견되며 수입은 다시 중단되었다.

한편 2007년 5월에 미국은 국제수역사무국OIE으로 부터 '광우병

BSE 위험 통제국가'의 지위를 인정받았다. 광우병이 걸린 소를 생산하지 않을 수 있는 관리 시스템과 관리 능력을 갖추었음을 국제적으로 인정받은 것이었다.

'위험 통제국가'의 지위를 획득한 미국은 연령과 부위에 관계없이 소고기의 전면 수입을 허용해 달라고 요구해 왔다. 30개월 미만의 소에서 도축된 소고기라야 한다는 우리의 주장은 국제적 기준에 맞지 않는다는 것이었다. 미국의 요구에 따라 두 나라 사이에 여러 차례에 걸쳐 전문가 회의가 열렸고, 그에 따라 우리는 미국산 소고기의 단계적 개방을 추진하게 되었다.

3

노무현 대통령,
소고기 문제 마무리 못하고 퇴임

2007년 4월 노무현 대통령은 대국민 담화에서 소고기 문제를 언급하였다. 소고기 문제가 한미 관계에 장애가 되어서는 안 된다는 판단을 하였던 것이다. 같은 해 11월 17일, 국무총리 주재 관계 부처 장관 회의, 12월 17일 경제부총리 회의, 2008년 1월 17일 한미 통상 장관 회의, 1월 17일 경제부총리 주재 회의 등을 통해 미국 소고기 수입을 정상화하는 방향으로 진전이 되었다.

그러나 2008년 2월 25일 이명박 정부가 취임하기까지 미국 측과 최종 합의에 이르지는 못했다. 노무현 정부는 결국 미국산 소고기 수입 문제를 미완으로 남겨둔 채 임기를 마무리하게 되었다.

미국은 우리가 뼛조각이 나와 수입해 온 소고기를 전량 반송하고, 엑스레이 투시기를 사용하여 소고기를 검사한 일에 대해 크게 반발했다. 또 30개월이라는 소고기 월령 제한도 미국 측의 반발을 불러일

으킨 큰 이슈가 되었다. 이 사건으로 나는 미국 농무부 관계자들로부
터 많은 항의를 받았다. 내가 상대하는 미국 농무부 카운터파트와 농
무부의 검역 관계자들은 우리나라 검역 조치가 매우 부당하다고 비
판했다.

이들은 이런 방식으로 검역하는 나라가 도대체 한국 말고 또 어디
있느냐며 강력히 항의했다. 나는 거센 비난을 들으면서도 마땅히 대
응할 말이 없었다. 우리가 채용한 검역방식은 국제적으로 통용되지
않는 방식이었다. 당시 박홍수 농림부 장관은 국민건강과 안전을 위
해 철저히 해야만 한다고 하였으나 국제적으로 인정하지 않는 검역
방식임은 분명했다. 돌이나 철 등 이물질을 검색하는 장비가 어느 날
미국산 소고기 수입 검사용으로 둔갑하여 사용되었다. 우리 스스로
검역 기준을 너무 까다롭게 만들어 어려움을 자초한 사례이다.

푸줏간 출신 미국 하원의원의 항변

미국산 소고기 수입 문제를 해결하기 위해 당시 이태식 주미대사
도 각별한 노력을 하였다. 수시로 소고기 협상 상황을 점검하고 대사
관 나름대로 대안을 마련하고자 노력했다. 홍석현 대사는 소위 '안기
부 X파일' 사건이 불거지면서 대사 부임 7개월만(2005.2~2005.9)에
물러났다. 홍석현 대사 후임으로 부임한 이태식 대사는 주영대사를

마치고 외교부 차관을 역임하였다. 전형적인 외무 관료로 업무의 전문성이나 대외 협상력 등 탁월한 외교 능력을 가진 분이었다.

이태식 대사는 부임하자 곧바로 소고기 문제를 해결하고자 많은 미국 상하원 의원을 만나 그들의 협조를 요청하였다. 대사가 주요한 의원을 만날 때는 농무관인 내가 수행하였다. 이태식 대사는 많은 의원들을 만나 우리나라 상황을 설명하고 이해를 구했다. 하지만 미국 의원들의 입장은 단호했다. 조건 없이 시장을 개방하라는 것이었다.

왼손의 손가락이 거의 다 잘린 미국 중서부 어떤 하원의원은 손가락이 잘린 자신의 손을 보여주면서 '나는 푸줏간을 한 사람이다.' '어떻게 소고기를 생산하는데 뼛조각이 안 들어가겠느냐.'며 강력히 항의했다. 수모 아닌 수모도 많이 겪었다. 하지만 어려움을 무릅쓰고 발로 뛴 이태식 대사의 각별한 노력으로 소고기 문제를 둘러싼 두 나라 사이의 갈등은 많이 풀렸다.

미국 소고기 수입을 두고 양국 간 여러 차례 협상을 하던 중 우리나라 국회의원들이 미국 현지 도축장을 방문하고 싶다는 의사를 보내왔다. 국회의 요청으로 나는 미국 농무부와 협의를 하였으나 일언지하에 거절당하고 말았다. 나는 한국 국회의원이 미국 도축장을 방문하고자 하니 협조를 요청한다. 그러면 한미 간 소고기 문제가 잘 풀릴 수 있다고 설명했다.

당시 미국 당국이 보인 냉랭하고 단호한 반응은 지금도 생생하게 기억난다. 미국 정부는 미국 도축업자들에게 한국 국회의원이 미국 도축장에 가도록 협력해 주라고 요청할 권한이 없다는 것이었다.

이는 미국과 협상할 때 우리가 꼭 염두에 두어야 할 사항이다. 우리의 인식과 미국 정부의 인식이 너무나 달랐다. 설사 미국 정부가 승낙해서 우리 국회의원들이 미국의 도축장 입구까지 갔더라도 도축 현장을 보지는 못했을 것이다.

미국 캔자스주 허허벌판에 있는 소 도축장이 생각났다. 도축장 입구에서 추위에 떨고 있을 대한민국 국회의원도 상상해 보았다. 그런 사진이 세계 언론에 보도되었다면 어떻게 되었겠는가. 문제를 해결해 보려고 의욕적으로 추진한 일이겠지만 엄청난 비난을 감내해야만 했을 것이다.

나는 당시 한미 간 소고기 문제를 해결하기 위해 미국 정부 관계자나 소고기 업계 대표자를 만나 열심히 설명했다. 우리 입장을 이해시키기 위해 많은 노력을 하였으나 돌아온 반응은 냉랭했다. 미국 소비자들은 아무런 문제없이 소고기를 잘 먹는데 한국에서 왜 난리냐는 투였다. 우리나라에서 진행되는 상황을 이해하기 어렵다고 했다. 국제적으로 안전하다는데 너희들은 왜 그걸 받아들이지 않고 문제를 일으키느냐는 반응이었다.

설득하기 어려웠다. 당시 미국 소고기협회 판매담당 이사가 그레그 더드Gregg Doud였다. 그레그를 자주 만나 한국 상황을 설명하고 국민정서를 강조했다. 아울러 양국 간 축산 관련 정보도 공유하였다. 그레그는 현재 미국통상대표부USTR의 농업 협상 대표자Chief Agricultural Negotiator가 되었다. 미국 통상 책임자로 취임하는 날 나는 그에게 축하전화를 하였다.

소고기 문제를 풀기 위해 한미 간 고위 관계자 접촉이 필요하다고 생각했다. 마이크 조한스Mike Johanns 미국 농무장관과 우리 대사와의 직접적인 대화 창구를 만들자고 했다. 여러 가지 방안을 마련하면서 미국 농무부의 내 카운터 파트인 수잔 세이어스Susan Schayes를 통해 마이크 조한스 농무장관을 우리 대사관저에 초청하도록 하였다. 어렵게 초청이 성사되었다.

조한스 농무장관 부부와 농무부 고위 관계자들을 주미 한국대사관저에 초청하였다. 소고기를 메뉴로 한 푸짐한 한국음식을 대접했는데 분위기도 매우 좋았다. 한국 소고기 문제를 잘 설명하고 미국 측이 잘 이해해 주도록 요청하였다. 소고기 문제로 경직된 양국 관계가 많이 풀릴 여지를 만들었고, 이태식 대사와 미국 농무장관이 수시로 통화할 수 있는 채널도 마련되었다.

이태식 대사는 초청 결과에 너무 만족해했고 다른 주재관들도 농무관을 본받으라는 식으로 칭찬을 많이 하였다. 나는 워싱턴에서 농무관으로 근무하면서 소고기 문제를 해결하기 위한 많은 노력을 하였으나 결국 완전한 타결을 보지 못하고 2007년 귀국하였다.

4

보람과 아쉬움 함께한
주미 대사관 농무관 시절

　UR 협상을 타결하고 WTO 체제가 출범하고 나서 10여 년이 경과한 2004년이 되었다. 쌀 관세화 여부를 다시 결정해야 하는 시기였다. 김영삼 정부와 김대중 정부를 거쳐 어느덧 노무현 정부가 들어서 있었다. 주미 한국대사관에서 농무관으로 근무하면서 걱정이 많이 되었다. 관세를 물고 개방할 것인가, 아니면 관세화를 더 유예할 것인가. 정부의 방침은 다시 10년을 더 유예하는 것으로 정해졌다. 다시 10년을 더 연장하기 위해 미국과 협상을 시작했다.

　국내에서도 많은 논란이 있었다. 쌀 농가와 농민 단체들은 또다시 관세화를 유예해 달라고 요구했다. 하지만 그렇게 하면 쌀 수입 물량이 많아질 것이고, 결과적으로 쌀 농가에 도움이 안 된다는 판단도 들었다. 종합적인 상황을 검토한 후 정부는 다시 관세화를 유예하는 쪽으로 방향을 정했다.

그러나 미국의 요구는 강경했다. 한국이 관세화를 유예하는 대신 확실한 국가별 쿼터를 보장하라고 요구했다. 또한 수입쌀을 가공용으로 한정하지 말고 식용으로 일정량을 사용하라고 요구했다. 수입쌀을 가공용으로만 한정하는 것이 GATT(제3조 내국민 대우) 규정 위반이라는 주장이었다.

쌀 관세화 10년 유예 협상

최종적으로 관세화를 다시 유예하기로 결정하고 미국과는 2014년 수입량을 8%에 조금 미달하는 수준에서 협상을 타결하였다. 소비자 시판용 밥쌀 수입 의무도 신설되었다. 2014년까지 유예 연장을 하는 데 따른 부담도 늘었다. 40만 9천 톤으로 쌀 저율관세할당TRQ 물량을 늘려야 하기 때문이었다. 2004년에 관세화를 하였으면 40만 9천 톤의 쌀 수입 물량은 훨씬 줄었으리라는 기대도 있었다.

미국 농무부 회의실에서 순천대학교 총장 출신의 허상만 농림부 장관과 미국의 앤 베너먼Ann M. Veneman 농무장관이 마주 앉았다. 배석한 한미 실무자들의 묘한 표정이 지금도 잊히지 않는다. 그루프가 나를 보면서 눈을 찡긋해 보였다. '약속하면 반드시 지켜라.', '이번에는 안 통한다.'는 표정이었다.

우리의 입장을 제네바에 최종 통보하기 전인 2004년 12월 30일,

미국통상대표부USTR를 방문하여 우리의 입장을 통보하였다. 워낙 예민한 사항이라 한승주 대사(2003.4~2005.1)와 함께 방문하였다. 협상 대표자와 마주 앉았다. 부대표인 웬디 커틀러Wendy Cutler가 펜과 종이를 가지고 바짝 다가앉았다. 한국의 입장을 듣고 받아 적기 위해서였다. 자칫하면 또 다른 오해와 분란을 야기할 우려가 있었다. 우리는 본국에서 보내온 전문을 거의 그대로 읽었다. '우리 정부는 다시 10년을 유예하고자 한다. 미국의 입장을 이해하나 이렇게 노력한다.'는 내용이었다. 돌이켜보면 그때 관세화를 하였더라면 쌀 수입이 훨씬 줄었을 것이라는 생각도 든다. 그러나 당시 국내 상황은 바로 관세화로 가기에는 어려운 처지였다.

중국산 김치의 기생충 알 파동

2005년 11월. 중국산 수입 김치에서 기생충 알이 나왔다는 보도가 터져 나왔다. 곧바로 전국에서 난리가 났다. 김치는 우리 식탁에서 없으면 안 되는 제일 주요한 반찬이다. 우리 국민의 정서가 담겨 있는 식품인 것이다. 국내의 김치시장이 곧바로 반토막이 나고 말았다. 여러 가지 대책을 마련하고 김치 소비를 촉진하기 위한 행사를 하였으나 아무 도움이 되지 않았다.

국내 소비는 물론 해외수출도 줄어들어 김치산업 전반이 총체적

붕괴 위기에 처하게 되었다. 덩달아 배추 소비까지 줄어 산지의 배추 재배 농민들에게까지 큰 피해가 돌아갔다.

나는 미국 김치시장의 현황을 점검하면서 미국에서 김치 소비를 증진시키기 위한 방안을 찾았다. 우선 미국 김치 소비 현황을 알아보고자 많은 식품 매장을 점검해 보고 관계자들과 면담을 진행했다. 당시 미국에서의 김치 소비는 전혀 줄어들지 않고 있었다. 위생 면에서의 문제 제기도 전혀 없었다. 일부 품목의 김치는 소비가 오히려 늘어나기도 했다.

일본의 절임 채소인 쯔게모노를 비롯한 유사 김치와 독일의 양배추 절임인 사우어크라프트sauerkraut 등의 소비 추세도 점검했다. 점검 결과 김치가 미국에서 안전한 식품으로 자리매김하고 있다는 사실을 알게 되었다. 미국의 김치 소비는 계속 증가 추세에 있었다. 이런 사실을 본국에 알릴 필요가 있었다. 곧바로 미국의 김치 소비 행태 등 김치 관련 정보를 종합적으로 수집하고, 김치 소비 증대 방안을 마련해 본국에 보고하였다. 워싱턴에 나와 있는 한국 특파원들에게도 이런 내용을 설명했다.

미국의 김치시장 동향과 소비 증대 추세는 국내의 신문과 방송에 대대적으로 보도되었다. 그 결과 줄어들었던 김치 소비가 조금씩 회복되는 조짐을 보였다. 미국의 사례를 보면서 우리 소비자들 사이에서 김치가 안전한 식품이라는 인식이 높아지기 시작한 것이다. 이와 함께 국내 김치산업은 다시 활기를 찾기 시작하였다.

얼마 뒤 이태식 대사는 '외교관은 김재수 농무관처럼 일해야 한다.', '국내 상황에 항상 초점을 맞추어 외교관 일을 해야 한다.'는 등의 말을 하면서 내 칭찬을 많이 했다.

이태식 대사는 한국 김치 회사들은 김재수 농무관에게 고맙다고 김치라도 보내 와야 하지 않느냐, 농무관 때문에 김치산업이 살아났는데 가만히 있으면 안 되는 것 아니냐며 우스갯소리를 했다. 농담으로 한 말이지만 나는 한편으로 뿌듯한 기분을 느끼지 않을 수 없었다.

2006년 새해를 맞아 전 대사관 직원들 앞에서 나는 우수 외교관으로 선발되어 본국에서 보내온 표창을 받았다. 정신없이 바쁘게 보냈지만 보람도 많았던 주미 한국대사관 농무관 시절이었다.

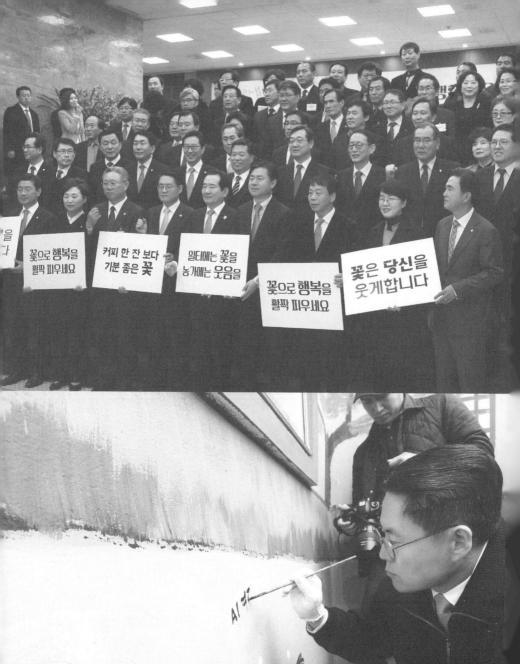

위 꽃생활화운동에 동참한 국회의원들과 함께 2017. 2. 7
아래 경기도 이천 클린농촌운동 벽화 그리기에 동참 2017. 4. 6

Chapter 06
이명박 정부와 농업 파동

1

퇴임하는 노무현 대통령
협상 마무리에 소극적

2008년 2월 이명박 대통령이 취임하였다. 국민 모두 이명박 대통령 시절의 광우병 사태를 잘 기억할 것이다. 노무현 정부가 미처 마무리하지 못한 한미 간 소고기 문제가 갓 출범한 이명박 정부 앞에 놓여 있었다. 꼬여진 한미 관계를 회복하기 위해서뿐만 아니라 그때까지 추진해 온 한미 FTA를 마무리하기 위해서도 소고기 문제는 시급히 해결해야 할 과제였다.

당시 소고기 수입조건을 놓고 기술적인 사항에 대해 양국 간 입장 차이가 있었으나 근본적으로 해결이 불가능한 사항은 아니었다. 소의 월령, 위험 부위 등 세부 내용은 전문가들끼리 기술적인 논의를 좀 더 해 보면 양국 간 합의를 이룰 수 있는 여지가 분명히 있었다.

걸림돌이라면 노무현 정부에서 타결된 소고기 수입조건이었다. '30월령 미만의 소에서 생산된 살코기'로 조건이 정해져 있었는데, 이 조건에 대한 양국 간 입장의 차이를 해소하는 것이 관건이었다.

다음은 이명박 대통령이 퇴임 후 출간한 저서 『대통령의 시간 2008-2013』에 나오는 이야기 가운데 한 대목이다. 이명박 대통령이 취임하기 1주일 전인 2008년 2월 18일 청와대 관저에서 노무현 대통령과 만나 소고기 문제에 대해 이런 이야기를 나누었다고 했다. 이명박 대통령 당선자가 노무현 대통령에게 이렇게 말했다. "한미 소고기 협상을 마무리 짓기로 부시 대통령과 수차례 약속하신 걸로 알고 있습니다. 남은 임기 중 처리해 주는 것이 어떻겠습니까."

당시 이명박 대통령이 제기한 소고기 문제에 대해 노무현 대통령이 내놓은 답은 매우 소극적이었다고 했다. 노무현 대통령은 미국 정부와 약속했다는 사실은 인정하면서도 임기 전에 협상을 마무리하기는 어렵다는 입장이었다고 했다. 이명박 대통령이 취임하고 나면 다시 협상하는 것이 더 유리할 것이라는 식으로 말했다는 것이다. 이명박 대통령은 당시 노무현 대통령의 대답을 듣고 '뒷맛이 씁쓸하고 가슴이 답답했다.'고 책에서 밝히고 있다. (『대통령의 시간』, 105~130쪽)

미국 소고기의 수입을 두고 당시 한미 간에 진행된 상황을 이명박 대통령은 저서에서 비교적 자세히 서술하고 있다. 이명박 대통령은 다음과 같은 소제목을 달아 광우병 소고기 사건을 회고했다. '노무현 대통령의 거절', '대미 수출 위기를 부른 뼛조각 사건', '덫에 걸린 한미 소고기 협상', '한미 소고기 협상 타결', '걷잡을 수 없이 퍼진 광우병 괴담', '정치 세력의 시위 참가', '청와대를 점령당하는 한이 있어도', '재협상과 추가협상 논쟁', '가슴 아픈 1기 참모진의 퇴진', '잃은 것과 얻은 것' 등등이다.

이명박 정부의 첫 농림부 장관으로 2008년 2월에 정운천 장관이 부임하였다. 정운천 장관은 행정부에서 근무한 경험은 없으나 농업 분야에 직접 뛰어들어서 다양한 활동을 해왔고, 키위 유통 사업체인 참다래 유통을 성공시킨 사람으로 유명하다. 나는 부처의 업무를 실무적으로 총괄하는 기획조정실장으로 장관을 보좌하였다. 소고기 문제가 워낙 당면한 현안이 되어 국회 업무에 대응하기에도 너무 바빴던 시기였다.

소고기 문제와 한미 FTA는 근본적인 성격은 다르나 불가피하게 연계되어 있었다. 한미 FTA를 타결하고, 예정된 이명박 대통령의 미국 방문이 성과를 내기 위해서도 소고기 문제가 해결되어야 했다. 다만 국민의 인식이 과거와는 크게 달라진 것이 관건이었다. 달라진 국민의 인식을 어떻게 국제 규정과 조화시키느냐가 중요한 과제였다.

노무현 정부 시절의 소고기 협상 내용은 국민들에게 널리 알려져 있었다. 뼛조각 소고기 반송 사건은 국민들에게 '30개월 미만의 살코기만 안전하다'는 인식을 강하게 심어주었다. 소고기 관련 국제 규정은 변경되었으나 국민의 인식은 요지부동 그대로였다. 미국 측 주장과 우리 국민의 정서 사이에 많은 괴리가 남아 있었다. 양국 간 의견

차이를 순조롭게 조정하기가 쉽지 않아 보였다.

소고기 문제 해결이 한미 FTA 우선 과제

한미 FTA를 성사시키기 위해서는 소고기 문제를 해결하는 것이 우선 과제였다. 한미 FTA 이행법안은 상원 재무위원회에서 심의하기로 되어 있었는데 위원장이 맥스 보커스Max Baucus였다. 맥스 보커스 위원장은 소고기 주산지인 몬태나주 출신으로 한미 FTA 성공의 키를 잡고 있었다. 그를 설득하기 위해서는 소고기 문제를 먼저 푸는 게 급선무였다. 그를 설득하기 위한 다양한 노력이 이루어졌다.

이명박 대통령의 4월 중 미국 방문이 추진되었다. 우리 정부는 대통령의 미국 방문으로 한미 간 통상 현안을 해결하고 외교관계를 정상화하는 등 여러 가지 효과를 기대하고 있었다. 그와 함께 대통령의 방미에 앞서 소고기 협상을 조기 타결해야 한다는 인식도 증대되었다. 농림부는 신중한 처리 입장을 가지고 있었으나 외교부나 청와대의 조기 타결 입장이 더 힘을 얻게 된 것이다.

2008년 4월 11일부터 18일까지 미국의 소고기 협상단이 한국으로 왔다. 이명박 대통령이 미국을 방문 중인 시기에 미국의 소고기 협상단이 한국을 방문해 협상을 진행하게 된 것이다. 미국 협상 대표자는 엘렌 텁스트라Ellen Terpstra 차관보였고, 우리 정부 협상 대표는 민동석 농업통상정책관이었다.

엘렌 대표는 내가 주미 한국대사관에서 농무관으로 근무할 때 소고기 단체의 이사를 하고 있었다. 당시 가끔 만난 사이였는데 그가 소고기 협상 대표자로 올 줄은 상상도 하지 못했다. 민동석 농업통상정책관은 외교부 출신으로 당시 농림부에서 근무 중이었다. 이명박 대통령은 한미 간 소고기 협상이 진행되는 중에 미국에 도착해서 공식 일정에 들어갔다. 진통 끝에 한미 간 소고기 협상은 4월 18일 극적으로 타결되었다. 이명박 대통령이 부시 대통령을 공식적으로 만나기 하루 전이었다.

대통령 방미 중 협상 타결로 문제 키워

우여곡절 끝에 한미 간 소고기 협상이 타결되었으나 많은 후유증이 뒤따라 발생되었다. 협상 전부터 미국에 '빗장을 다 열어주는 협상'이라는 비판도 있었고, 이른바 '짜고 치는 고스톱'이라는 비아냥도 있었다. 한미 간에 타결된 소고기 협상 내용이 알려지자 곧바로 협상이 잘못되었다는 비판이 제기되었다. 더구나 우리 대통령이 미국을 방문 중이었다. 대통령 방미 기간 중에 소고기 협상이 타결되었다는 데 대한 비판이 쏟아졌다.

농민과 시민단체의 반대 집회가 일어났다. 야당인 통합민주당은 한미 정상회담에 맞추기 위해 졸속 협상을 했다고 비판하고 나섰다. 촛불 시위가 일어났고 시위 양상은 점차 확대되고 과격화되어 갔다. 소고기 협상이 잘못되었다는 비판의 주요 논점은 다음과 같았다. '광우병 위험 물질까지 수입을 허용하기로 했다.', '미국조차 지키지 않는 OIE 규정을 적용하기로 했다.', '미국 소고기 도축장의 검사권을 넘겨주었다.', '미국에서 광우병이 발생해도 수입을 중단시키기 어렵게 되었다.'는 등이었다. 굴욕적 외교이며 국민건강을 생각하지 않는 무방비 협상이라는 비판이 쏟아졌다.

한미 간 소고기 협상에 다소 문제가 있는 건 사실이었다. 특히 미국에서 광우병이 발생해도 수입을 중단하기 어렵게 되어 있는 협상 내용은 '검역 주권을 상실한 것'이라는 비판을 받을 소지가 다분했다. 언론사에 근무하는 친구가 연락이 왔다. '이렇게 엉터리 협상을 해놓고 협상 책임자인 민동석 통상관은 협상을 잘했다고 홍보하고 다니느냐.'고 질책하였다. 전후 설명을 하였으나 별로 먹혀들지 않았다. 사태가 점점 커졌다.

'졸속 협상', '굴욕 협상', '엉터리 협상'이라는 비난이 거세지고 시위는 점점 더 격화되었다. 'PD 수첩' 등 각종 방송 프로그램과 신문에서 소고기 협상 문제를 주요 이슈로 다루었다. 국회에서 관련 청문회가 열렸고, 민심을 진정시키기 위한 국무총리 담화도 나왔다.

그럼에도 불구하고 '미국산 소고기를 먹으면 광우병에 걸린다.'는 등 검증되지 않은 허위 내용들이 걷잡을 수 없이 돌아다녔다. 이명박 정부의 출범에 반대하는 사람, 반정부 선동가들이 가세하여 시위 양상을 점점 더 과격하게 끌고 갔다. 5월 22일 이명박 대통령의 대국민 담화가 있었고, 6월 10일 이른바 '명박산성' 시위라는 대규모 정부 반대 집회가 개최되었다.

거짓 루머를 타고 번진 시위

한미 간 소고기 협상에 반대하는 국민들에게 협상 내용을 소상하게 알리기로 했다. 그와 함께 국민의 걱정을 덜어드리기 위한 소고기 안전대책도 수립했다. 이 대책 내용을 국민들에게 알리는 것이 시급했다. 이명박 정부에 반대하는 사람들이나 소고기 협상 내용을 잘 알지 못하면서 막연히 선동에 넘어가는 국민들에게 진상을 알리는 것이 긴요했다.

정운천 장관은 광화문에서 대규모 집회가 개최되니 거기 가서 시위 군중들을 상대로 우리가 직접 설명하자고 했다. 나를 비롯한 농림부 간부들은 장관의 제안에 반대했다. 관계 기관에서도 반대 입장을 내놓았다. 시위 군중을 상대로 설명하려고 해봐야 제대로 되지 않을 것이라는 설명이었다. 나도 그건 너무 무모한 시도라고 여겨졌다. 그래도 정운천 장관은 군이 가겠다고 했다. 사고가 날 것 같아 걱정이 되었다. 예상하지 못한 불상사가 나거나 크게 다치면 어쩌나 온갖 생각이 들었다.

집회 당일 아침이었다. 집회 장소 근처에 있는 호텔에 머물며 대책을 논의했다. 호텔에서 내려다보니 엄청난 사람들이 몰려들었다. 정운천 장관과 같이 집회 장소로 가려고 호텔 정문을 나오는데 장관의 얼굴을 알아본 군중들이 몰려들었다. 군중들이 고함을 지르면서 순식간에 소동이 일어났다. 술에 취한 사람, 고래고래 고함을 지르는 사람, 야유를 퍼붓는 사람들이 몰려들었다. 행사장은 난장판이 되었고 우리는 이리저리 밀렸다.

결국 집회 현장은 통제 불능 상태가 되어 우리가 준비한 대책은 발표하지 못했다. 우리는 행사장 단상에 올라가지도 못하고 물러나고 말았다. 직원들과 함께 정운천 장관을 호위하여 세종로 정부청사 뒤에 대기 중이던 차에 올랐다. 과천 청사로 돌아오면서 생각하니 착잡하기 그지없었다. 온갖 생각이 떠올랐다. 그나마 다친 사람이 없는 것만도 다행으로 생각해야 할 판이었다. 정부의 생각과 현장 상황이 너무 달랐다. 지금 돌이켜봐도 너무 무모한 시도였다.

국회청문회 과정에서도 예상치 못한 돌출발언들이 쏟아졌다. 민동석 농업통상정책관은 '한미 소고기 협상은 미국이 준 선물'이라는 발언을 했다가 몰매를 맞았다. 고위공직자의 말은 신중해야 하는데 신중하지 못한 발언이었다.

농림부와 청와대 비서실 등 대통령 보고 핵심 라인에 공직 경험이 없는 사람이 여럿 포진하고 있었다. 위기를 다루어 본 경험이 없다 보니 상황에 맞춰 신속한 조치를 해주지 못했다. 정책 라인에서 사태가 굴러가는 대로 그냥 보고만 있다는 느낌도 들었다.

국민 설득 소홀로 문제 키워

이후 소고기 사태를 수습하기 위해 정부의 다양한 노력이 뒤따랐다. 재협상이냐 추가 협상이냐를 두고 논란도 있었다. 이명박 대통령의 담화와 추가 협상을 통해 소고기 사태는 어느 정도 진정되어 갔다. 소고기 협상 보완을 위해 김종훈 통상교섭본부장과 박덕배 농림부 2차관이 미국으로 가서 추가 협상을 하기도 했다.

그렇게 해서 국내 여론과 미국 내 상황, 그리고 이미 합의한 협상 내용을 토대로 새로운 소고기 수입 방안이 마련되었다. 생후 30개월 이상 된 소고기는 미국 업자들이 자율적으로 협의하여 우리나라에 들여오지 않기로 했다. 2008년 6월 26일 추가로 합의한 내용을 중심으로 미국산 소고기 수입 위생 조건을 마련하여 고시하였다. 큰 아픔과 교훈을 남기며 소고기 협상은 그렇게 마무리가 되었다.

미국산 소고기 문제가 해결되기까지 오랜 시간이 걸렸고 진통도 많았다. 그동안 수년간에 걸친 협상에 이어 농민들의 반발, 시민들의 시위, 국회 청문회, 미국 현지조사까지 이루어졌다. 미국산 소고기 수입은 우여곡절 끝에 어렵게 재개되었다. 이명박 정부의 희생과 부담이 컸다. 농림부 장관 등 몇몇 장관과 청와대 수석비서관 대부분이 교체되었고, 대통령이 국민에게 직접 사과하는 사태로 이어졌다. 결과적으로 미국산 소고기 사태는 이명박 정부의 국정 추진 동력을 크게 떨어뜨린 결과를 낳으며 마무리되었다.

기본적으로 한미 FTA 비준의 선결조건으로 소고기 문제를 다룬 것은 실패로 여겨진다. 이명박 대통령의 방미 전 타결을 시도한 것도 타이밍 상 잘못이었다. 두 사안은 별개의 문제로 다루는 게 바람직했다. 현명하게 대처했더라면 소고기 협상의 칼자루를 우리가 쥘 수 있었다고 나는 생각한다.

되돌아보면 졸속 협상 이야기가 저절로 제기될 수밖에 없었다. 2008년 4월 18일 타결된 한미 소고기 협상은 미국의 조지 W 부시 대통령과 이명박 대통령이 만나기 불과 11시간 전에 타결되었다. 두 정상이 만나기 전에 소고기 협상을 타결하기 위해 우리 정부가 많은 양보를 했다는 오해를 받기 십상이었다.

소고기 업무는 제2차관인 박덕배 차관 소관이었다. 수산 분야 출신이라 소고기 문제를 다루어 본 경험이 없는 사람이었다. 당시 해양수산 분야가 농림부로 통합되어 어수선할 때였다. 거기다 담당 차관이 시급한 현안인 조류 인플루엔자AI 방역 때문에 정신이 없을 때였다. 그러다 보니 농림부 출신의 정학수 제1차관이 소고기 문제를 담당했다.

직제 규정에 의한 업무 분장이 아니었던 것이다. 그러다 미국으로 추가 협상을 갈 때는 제2차관이 갔다. 제대로 협상 준비가 되기 어려운 상황이었다. 어느 날 청와대 김명식 인사비서관이 전화가 왔다. 소고기 문제에 1차관과 2차관 중 누구 잘못이 더 크냐고 묻는 것이었다. 나는 있는 그대로 자초지종을 설명했다. 며칠 후 1차관과 2차관이 동시에 경질되었다.

거짓 루머에 강력 대응해야

미국산 광우병 소고기 사건의 처리 상황을 돌아보면서 많은 생각을 하게 된다. 국제적인 기준과 과학적 근거 못지않게 중요한 것이 바로 국민들의 인식이다. 이런 문제는 국민들에게 충분히 납득시키는 것이 무엇보다 중요하다. 아무리 과학적인 사실에 근거한 것이라도 국민을 제대로 납득시키지 못하면 그 정책은 성공할 수 없다.

국민의 건강과 안전에 관한 사항에 있어서 국민 설득이라는 과제는 아무리 강조해도 지나치지 않는다고 생각한다. 공직자는 국민과 꾸준히 대화하고 설득하는 자세를 가져야 한다. 인내심을 가지고 반대 여론을 설득하며 협상력을 높이는 것이 무엇보다 중요하다.

그러기 위해서는 정부가 국민이 우려하는 사항을 정확히 파악하는 것이 무엇보다 긴요하다. 일을 열심히 하고 안 하고의 문제가 아니다. 특히 인터넷 등 온라인 매체의 파급력을 제대로 인식하고 문제 발생 초기에 잘 대응해야 한다. 당시 '뇌송송 구멍 탁'으로 대표되는 선동 용어가 소비자들의 불안감을 극대로 확대시켰다.

자극적으로 온라인을 통해 허위정보를 전파하는 세력에 적극적으로 대비하여야 한다. 그러기 위해서 이들을 압도하는 협상 담당자의 전문성 확보는 더 강조할 필요가 없다. 정부 내의 논의도 체계적으로 이루어져야 한다. 정권 교체기에는 더욱 더 그렇다. 소고기 파동은 다시는 되풀이하지 말아야 할 교훈이다.

국가 정책결정의 최고책임자는 대통령이다. 따라서 대통령의 판단이 매우 중요하다. 대통령 참모들의 역할은 보조적이지만 대통령 못지않게 중요하다. 참모들의 언행은 신중해야 한다. 이론 무장을 제대로 하는 것도 중요하지만 현장 경험도 이에 못지않게 중요하다.

당시 '소고기 협상을 너무 조급하게 하면 안 됩니다.', '미국산 소고기를 먹으면 광우병에 걸린다는 것은 사실이 아니지만 많은 국민이 걱정하고 있으니 효과적으로 대처할 필요가 있습니다.', '대통령 방미 중에 협상이 타결되면 불필요한 오해를 받을 소지가 큽니다.' 등의 솔직한 건의를 할 수 있는 참모들이 있었더라면 하는 아쉬움이 두고두고 남는다.

2

구제역 파동

광우병 소고기 파동으로 정운천 장관이 경질되고 후임으로 2010년 8월에 유정복 장관이 부임해 왔다. 나는 농촌진흥청장에서 2010년 8월 16일 농림축산식품부 제1차관으로 이동되었다. 차관 부임 당시 가장 큰 이슈는 광우병 사태의 후속조치를 신속히 매듭짓고, 그간 논의된 조직과 기능 개편을 마무리하는 일이었다. 관련 예산을 확보하고 지원 대책을 추진하는 데 힘썼다.

부임한 지 얼마 되지 않아 구제역이 발생했다. 구제역 담당 차관은 제2차관이었으나 내 소관이 아니라고 뒷짐 지고 있을 수는 없었다. 현장을 다니면서 동분서주하였다. 하루에 수만 마리 소와 돼지가 살처분되어 매몰되는 심각한 상황이었다. 거의 비상사태였고 국가재난 상황이었다. 공무원, 군인, 경찰 등이 총동원되어 방역에 힘을 기울였다.

구제역 상황이 워낙 심각하고 피해도 컸다. 사상 최대의 살처분 매몰 사태를 가져온 당시 구제역은 온 나라를 위기 상황으로 몰고 갔다. 축산 농가의 좌절과 고통은 말할 것도 없고, 국회의 질책과 언론의 비판이 쏟아졌다. 구제역 사태는 국민 생활 전반에 걸쳐 큰 불편을 초래한 국가적 재난이었다.

사상 최대의 살처분과 매몰

2010년 11월 말에 시작되어 이듬해인 2011년 중반까지 계속된 구제역은 350만 두의 소와 돼지를 살처분하여 매몰하기에 이르렀다. 돼지 330만 두, 소 15만 두, 염소와 사슴이 1만 5천 마리였다. 생각만 해도 끔찍한 일이 벌어진 것이었다. 살처분되고 매몰되는 가축 숫자가 많아지자 국민들 사이에서는 '우리나라 소 돼지 다 잡느냐.'는 비난이 쏟아져 나오기도 했다.

살처분 현장에 동원된 인력과 비용도 엄청났다. 모두들 과도한 업무에 기진맥진했고, 방역 중 교통사고와 같은 불의의 사고도 많았다. 살처분 매몰 후의 트라우마도 심했다. 방역 과정에서 약 300여 명이 부상을 당하고 10명이 사망했다. 사망으로 내가 직접 조문을 다녀온 곳이 3곳이었다.

구제역 방제와 살처분, 보상금과 수매, 소독 등에 전체 2조 7천억 원의 재정이 투입되었다. 투입된 비용도 엄청나거니와 사후 후유증도 염려되었다. 가장 무서운 것은 살처분된 가축의 전염병 발병 위험성이었다. 악취가 나고 민원도 제기되었다. 인근 지하수나 하천에 미칠 영향이 걱정되었다. 질병이 발생할까 조마조마한 시간을 보내야 했다. 다행히 큰 질병이나 재해가 일어나지 않고 지나간 그해 여름이었다.

초기 대응 실패가 문제 키워

구제역 상황을 되돌아보면서 많은 생각이 들었다. 무엇보다도 발생 신고와 진단, 처리에 너무 시간이 지체되었다. 그러다 보니 초기 대응이 늦어졌다. 2010년 11월 29일 경북 안동에서 발생한 구제역이 증세 신고에서 접수, 질병 판단까지 무려 보름이 걸렸다. 한 달 만에 5개 시도, 29개 시군으로 확산되었고, 71일 만에 8개 시도, 68개 시군으로 확산되어 국가적 재난을 가져오게 된 것이었다. 이듬해 또 다른 질병으로 번지지 않고 그 정도로 마무리된 것이 그나마 다행이었다. 초기 인식과 대응 실패로 국가적인 위기를 몰고 왔던 사건이었다.

사태 수습 후 청와대 관계자들의 말이다. 수십 만, 수백 만 마리의 가축이 살처분되어 매몰되는 방식에 대하여 이명박 대통령이 두 차

2017년 2월 구제역이 발생한 충북 보은군을 찾아 방역 대책을 점검하는 김재수 장관.

례에 걸쳐 심각한 문제 제기를 했다고 한다. 처음에는 유정복 장관이 주장한 대로 살처분해서 매몰하는 방식을 수용하였으나 살처분 규모가 너무 커지자 대통령이 이 방식에 대해 이의를 제기하였다는 것이다.

그렇게 해서 지금까지 해오던 방식을 전면 개편하기로 했다. 많은 반대가 있었으나 심도 있는 토론과 검토를 거쳐 살처분 매몰 중심의 가축질병 대응 방식을 변경하였다. 살처분과 매몰 중심의 질병 방역은 나름대로 장점이 있었다. 살처분 대신 백신 접종을 하면 여러 가지 문제가 많다는 것이 당시의 판단이었다.

살처분에서 백신 접종으로 대응책 변경

다음과 같은 여러 가지 부작용이 지적되었다. 일단 백신을 하게 되면 감염 증상이 잘 안 나타난다. 증상을 확인하기도 어렵다고 했다. 또 백신을 일단 접종하면 해마다 백신 구입비가 들어가는 것도 문제였다. 수백억 원의 예산이 소요될 수도 있었다. 구제역 백신 미접종 청정국 지위도 잃게 된다. 청정국 지위를 잃게 되면 구제역 발생 국가로부터 육류를 수입해 가라는 요구를 막기 어렵다. 그에 따라 농가들이 피해를 입는 부작용도 많다. 농가가 방역을 소홀하게 된다는 등의 지적도 있었다.

그러나 당시 구제역은 확산 속도가 너무 빨라 순식간에 전국적으로 확산되어 국가적 위기 상황이 되었다. 전문가와 수차례 협의하고 많은 고민 끝에 구제역 처리 방식을 살처분 매몰보다는 백신을 접종하는 것으로 변경하였다. 당시 나는 차관이었으나 이 문제를 가지고 유정복 장관에게 특단의 대책이 필요함을 강조했다. 구제역이 발생하면 무조건 살처분하여 매몰하는 방식을 변경한 것은 타당한 선택으로 여겨진다. 그에 따라 방역 정책의 큰 변화가 이루어졌다.

국가위기 상황이 되면 최종 의사결정권자는 고독한 결정을 내려야 한다. 전문가의 판단을 넘어서야 하고, 평시의 인식과 대응에서 벗어나 특별한 결단이 필요하다. 지금은 구제역 발생에 대비하여 사전에 예방 백신을 접종하고 있다. 위기 상황에 대응한 최고책임자의 올바른 결정이야말로 국가적 위기를 극복하는 데 가장 중요한 핵심 요소이다.

사상 최악의 구제역 파동을 겪고 있었음에도 불구하고 경제 부처를 중심으로 한중 FTA 추진을 공식 선언하자는 주장이 제기되었다. 그러다 이명박 정부인 2011년 1월 어느 날, 중국과 자유무역 협정을 체결한다는 공식 발표를 준비하기 위한 대외 경제 정책 관련 회의가 열렸다.

구제역으로 축산 농가를 비롯한 농업계 전체가 고통에 빠져 있었고, 국민들의 어려움도 많은 시기였다. 당시 윤증현 기획재정부 장관이 주재하는 회의였다. 나는 장관을 대신하여 차관으로 회의에 참석하였는데, 강력하게 이의를 제기하였다.

구제역 파동 와중에 한중 FTA 추진 내가 막아

한중 자유무역 협정을 추진해야 한다는 당위성은 충분히 공감하는 바였다. 수년간 준비해 왔고 추진 필요성은 분명히 있었다. 그러나 당장은 때가 아니었다. 정부가 현장의 농민 정서를 몰라도 너무 몰랐다. 지금은 엄동설한이고 당면한 구제역 질병을 막기도 급급한 시점이었다. 구제역을 방역하다가 300여 명이 중상을 입고 10명이 사망했다. 사망한 사람에게 내가 직접 조문을 다녀오기도 했다.

이런 시기에 한중 자유무역 협정을 체결한다고 발표하면 난리가 날 것이 분명했다. 광우병 사태와 같은 대규모 파동이 또 일어날지도 모를 일이었다. 나는 이런 점들을 들어 강력한 반대의사를 밝혔다.

나의 강력한 이의 제기로 한중 FTA를 추진하겠다는 공식 발표는 연기되었다. 그러자 그쪽 실무자들의 반발이 있었다. 부처 간 협의가 미흡했을 수도 있었다. 한중 FTA를 담당하는 부처 관계자들이 구제역 방역 현장의 애로와 고통을 제대로 알기는 어려웠을지도 모른다. 부처 간 협조와 소통이 중요하다는 사실을 실감했다.

고위공직자들이 시야를 넓혀야 한다. 당시 나의 이의 제기를 수용해 준 윤증현 부총리의 정무적 감각과 올바른 판단에 감사드린다. 그대로 밀어붙였으면 새로운 위기를 야기하였을 것이 분명했다. 그랬더라면 이명박 정부 후반기 정책 추진 동력을 완전히 상실하여 레임덕을 조기에 초래했을 수도 있었다.

3

농협 개혁의 빛과 그림자

농협을 개혁하자는 노력은 오랫동안 진행되어 왔다. 농업계를 비롯해 많은 이들이 농협 개혁의 필요성에 관심을 갖고 있었다. 그간 나름대로 어느 정도 개혁이 이루어지긴 했으나 만족스럽지 못하였다. 농협 개혁의 길은 실로 멀고도 험했다.

농협은 그야말로 농민을 위한 조직이다. 1961년 농업협동조합과 농업은행을 통합하여 종합 체제로 출범한 것이 바로 농협이다. 그간 농촌과 농업 발전에 많은 기여를 해온 것은 사실이다. 그러면서도 농협은 농민이나 농민 단체, 학계나 정치권으로부터 지속적으로 비판을 받아 왔다. 농협이 농민을 위해 제대로 역할을 다하지 못한다는 것이 불만의 요지였다.

농민들의 불만은 농협 운영에서부터 시작해 조합장 선거에서의 잡음, 전직 농협 회장이 구속된 여러 비리 사건, 사고 등과 관련이 있었다. 하지만 모두들 농협을 개혁하자는 총론에는 찬성하면서도 구체적인 개혁 방안을 놓고는 이견이 많았다. 농협 업무가 농업 정책, 농민 정책, 유통, 가공, 금융, 교육, 지도 등 너무나 광범위하고 다양하기 때문이기도 하다. 일선 조합의 애로, 일선 농협의 요구, 농업인의 바람, 정부 희망 등이 제각각 다른 것도 종합적인 개혁 방안을 도출하기 어렵게 만드는 요인 가운데 하나였다.

농협을 농민의 손에 돌려주자

역대 정부마다 농협을 개혁하자는 논의가 있었고, 그에 따라 부분적인 개혁도 이루어졌다. 하지만 나타난 결과는 개혁 논의만 무성하고 땜질식 개선에 그쳤다. 힘들여 마련한 농협 개혁안이 국회 문턱을 넘지 못한 경우도 많았다. 농협 개혁은 실로 어렵고 복잡했다. 다양한 사업 부문이 있어 문제를 더 복잡하게 만들기도 했다. 각 부문마다 이해가 달라 곳곳에서 저항이 있었다.

근본적인 농협 개혁은 지금도 미완성이다. 그만큼 어려운 일이라는 이야기일 것이다. 농촌 문제는 농협 개혁이 가장 기본적인 문제에 속했다.

김대중 정부 시절 김성훈 농림부 장관 주도로 농협과 축협을 통합하는 개혁이 추진되었다. 당시 나는 농업정책과장으로 농협과 축협을 통합하는 농축협 통합 개혁단장직을 겸했다. 농협과 축협을 통합하는 데는 엄청난 반대와 어려움이 있었다. 개혁에 반대하는 전임 농림부 고위 관계자가 국회 심의 과정에서 할복을 시도한 일도 있었다. 우여곡절 끝에 농협과 축협은 통합되었고, 많은 부문에서 개선이 이루어졌다. 노무현 정부에서도 부분적으로 농협 개혁을 추진하였다.

이명박 정부는 농협 개혁을 국정과제로 삼고 본격적인 개혁을 추진하였다. '농협을 농민에게 돌려준다.'는 근본 목적에 부합하기 위해 조직과 기능 전반을 뜯어고쳤다. 다가오는 농산물 시장 개방과 금융위기에도 대처해야 했다. 농림부가 중심이 되고 관계 부처의 협조를 받으며 청와대도 지원해 주는 모양새였다.

농림수산식품부 제1차관으로 임명되자마자 지지부진한 농협 개혁에 박차를 가하기 시작했다. 개혁의 핵심은 신용 부문과 경제 부문을 분리하는 이른바 '신경 분리'였다. 신경 분리를 하되, 분리에 따른 재정 지원과 세제 혜택, 그리고 금융 지원을 제대로 받는 것이 중요한 과제였다. 이 부분에 대한 정부 약속이 제대로 이행되지 않아 그동안 농협 개혁이 지지부진하였다.

과장으로 농협과 축협을 통합하는 작업을 맡았으나 이제 차관으로 돌아와 다시 통합된 거대 농협을 분리하고 기능을 개편하는 작업을 해야 한다고 생각하니 마음이 복잡했다. 이것이 나의 운명이라고 받아들였다. 농협과 축협은 농림부의 가장 밀접한 동반자이다. 평생을 농림 분야에 종사하였으니 마지막으로 이 일에 매진하여 아름다운 결실을 맺겠다고 다짐했다.

1차관 때 농협중앙회 구조 개혁 마무리

농협 개혁을 위한 첫 작업은 농협중앙회의 구조와 기능을 대폭 개혁하는 것이었다. 여러 차례 논의를 바탕으로 1개 농협중앙회, 2개 지주회사(경제, 금융), 경제 사업 활성화, 금융 경쟁력 강화를 주요 내용으로 하는 개혁안이 만들어졌다.

농협의 업무는 워낙 광범위하고 다양하다. 복잡하고 많은 과제를 다루다 보니 부분적으로 이해관계가 달라 반대도 심했다. 나는 적극적으로 이해당사자들을 설득하였다. 이번이 마지막 기회라고 생각했다. 국가가 국정과제로 추진하니 여건도 매우 좋았다. 어렵더라도 협조해 달라고 호소하며 통합 개혁안을 만들었다.

행정부에서 마련한 개혁안이 국회에 제출되었고, 국회 심의를 거쳐 여야 합의로 2011년 3월 국회를 통과하였다. 실로 수십 년 만에 제대로 된 개혁안이 만들어진 것이었다. 개혁안이 상임위와 법사위를 통과하고 국회 본회의를 통과하던 날, 중앙일간지 기자가 인터뷰를 하자고 했다. 인터뷰 도중 지나온 일을 돌이켜보면서 잠시 목이 메었다. 인터뷰가 잠시 중단되기도 했다.

당시 농협 개혁을 성공적으로 마무리할 수 있게 된 데는 농림부가 주도적인 역할을 한 것 이외에도 기획재정부와 금융위원회, 청와대 등 관계 부처의 많은 도움이 있었다. 청와대로 파견 나간 김용환 정책기획관(전 문광부 차관), 기획재정부 차관인 류성걸 차관, 임종룡 금융위원장, 권혁세 금융감독원장(당시 금융위원회 부위원장) 등 당시 재정, 금융 부문의 많은 지인들이 협조해 준 것이 큰 도움이 되었다.

당시 최원병 농협회장이 조직 이기주의에 빠지지 않고 농협 개혁에 적극적으로 협조해 준 것도 인상적이었다. 농협이나 농림수산식품부 실무자들이 쏟은 노고는 더 말할 필요도 없을 정도였다. 이들 모두에게 이 자리를 빌어 다시 한 번 감사드린다.

그렇게 해서 여야 합의에 의한 농협 개혁은 일단 마무리되었다. 실로 멀고도 험난한 길이었다. 세상 일이 그렇듯이 빛이 있으면 그림자도 있는 법이다. 농협 개혁의 그림자는 조직과 운영 등 여러 분야에서 나타났다. 중앙회 조직과 기능에서 당초 기대와 달리 여러 문제가 생겼다. 부장 한 명이 하던 일을 여덟 명이 하게 되었다는 비판도 나왔다. 유사한 문제가 여러 곳에서 발생하였다. 농협 개혁은 아직도 완벽하지 않다. 수많은 개선 과제가 남아 있다. 지속적인 보완이 이루어져야 할 것이라고 생각한다.

이명박 정부가 끝나고 박근혜 정부가 들어섰다. 퇴임한 이명박 대통령이 재직 기념으로 도자기 그릇을 주셨다. 그릇 뒤에 보니 이명박 대통령 재직 중 업적이 새겨져 있다. 그 가운데에 농협 개혁이라는 글자가 선명히 보였다. 그걸 보며 뿌듯한 기분이 들었다.

이명박 대통령과의 인연

2017년 7월 3일 농림축산식품부 장관직을 사임하고 전직 대통령이신 이명박 대통령께 퇴임 인사를 갔다. 재임 시보다 훨씬 평안해 보이고 홀가분한 모습이었다. 막중한 업무 스트레스를 벗어났기 때문일 것이다. 이명박 대통령 시절 함께 열심히 일한 이야기, 농림축산식품부 장관 재임 중의 어려운 일 등 이런 저런 이야기를 나누었다. 정부에 있을 때보다 공사 사장으로 재임할 때 보니 아주 일을 잘하더라고 격려해 주셔서 힘을 얻었다.

이명박 대통령은 퇴임 후 한두 달에 한번 씩 시골 교회를 다니면서 예배를 드렸다. 어느 주일 날 경기도 이천에 있는 한 시골 교회에서 이명박 대통령과 함께 예배를 드렸다. 농촌 교회에서 드리는 예배라 전임 농림축산식품부 장관 신분으로 나도 동참하였다. 사모님과 같이 자그마한 시골 교회에서 예배드리는 대통령의 모습이 매우 인상적이고 오래 기억에 남는다.

이명박 대통령과 함께 녹색성장, 4대강 사업, 저수지 둑 높이기 등 여러 가지 일을 많이 하였다. 그분의 인간적인 면도 기억에 남는다.

1월 1일 동작동 국립묘지에 참배하고 청와대에서 장차관들이 아침 떡국을 먹으며 덕담을 한 것도 기억에 남는다. 떡국을 먹고 자그마한 봉투에 든 세뱃돈을 받았다. 집에 와서 보니 빳빳한 돈 20만 원이 들어 있었다. 대통령으로부터 받은 세뱃돈이라 소중하게 생각했다. 지금도 나는 그 돈을 봉투에 넣어 간직하고 있다.

내가 모셨던 대통령이 구치소에 있으니 너무나 안타까운 마음이었다. 농촌진흥청장으로, 농림수산식품부 제1차관으로, 한국 농수산식품유통공사aT 사장으로 나를 임명해 준 분이었다. 2019년 3월 4일 이명박 대통령 면회를 다녀왔다. 그 전부터 몇 번이나 면회를 가고자 하였으나 여의치 않았다. 면회를 다녀오고 며칠 뒤인 3월 7일 이명박 대통령은 석방되었다. 자택으로 거주지를 제한하고 각종 조건이 붙은 석방이었다. 자유 공간인 집에서 생활하게 되어 그나마 다행이었다.

이명박 서울시장, 이명박 국회의원. 이명박 대통령을 지켜보면서 여러 가지 생각이 들었다. 농업 분야의 주요 기관장으로 임명 받으면서 이명박 대통령을 가까이서 보게 되었다. 농촌진흥청의 위기 상황에서 조직을 혁신하여 새로운 면모를 보여주었다. 필리핀 대통령과 양해각서를 채택하면서 우리 농업의 성과를 인식시키기도 했다. 어려운 환경에서 힘겹게 살아온 성장배경, 역경을 극복한 의지와 노력, 인간성과 소탈함, 핵심을 찌르는 질문, 노련한 국정 노하우 등이 나에게는 감동적인 모습으로 남아 있는 분이다.

위 경기도 시흥에서 열린 제6회 도시농업박람회 2017. 6. 1
아래 서울 삼청각에서 에스벤 룬드 라르센 덴마크 환경식품부 장관 면담 2017. 3. 9

Chapter 07
박근혜 정부와
탄핵 정국

1

농업은 직접 챙기겠다고 약속한 대통령

박근혜 대통령은 농업 분야는 자신이 직접 챙기겠다는 메시지를 내놓았다. '농업은 직접 챙기겠습니다.' 2012년 11월 19일 한농연이 주최한 대선 후보 농정 대토론회에 참석하여 친필로 이 같은 메시지를 남긴 것이다.

박근혜 대통령은 농정의 핵심 축을 농민의 소득을 높이고, 농촌의 복지를 확대하고, 농업의 경쟁력을 확보하자는 세 가지로 잡았다. 농업과 농촌, 농민이라는 세 분야를 나누어서 정책 대상으로 설정한 것은 현명한 생각이었다. 부친인 고故 박정희 대통령의 농업과 농촌 부흥과 농민 사랑을 보고 배운 덕분일 것이라고 생각했다.

박근혜 대통령이 취임한 2013년 2월에 나는 한국농수산식품유통공사 사장으로 근무하고 있었다. 전임 이명박 정부에서 임명을 받았고 임기가 절반 지났으니 새 정부 출범에 맞춰 사퇴하기로 마음을 먹고 퇴임 준비를 하고 있었다.

그런데 퇴임 준비를 하는 와중에서도 나름대로 열심히 일하던 어느 날 연임되었다는 통보가 왔다. 이후 새로 시작하는 기분으로 열심히 일했다. 농산물 수출시장을 개척하고 한식을 세계화하며 공기업을 혁신하는 데 혼신의 노력을 다했다.

그러던 중에 2016년 9월 농림축산식품부 장관으로 임명되었다. 박근혜 대통령과 함께 일하는 기간에 세월호 사태 등 많은 국가적 위기가 있었다. 농업 분야에서는 쌀값 하락, 관세화, AI 발생, 청탁금지법 시행 등 많은 어려운 과제가 있었다.

박근혜 정부의 초대 농림부 장관은 이동필 장관(2013년 3월~2016년 9월)이었다. 나의 전임 장관이다. 이동필 장관은 한국 농촌경제연구원장 출신으로 농촌 문제에 대한 깊은 이해를 바탕으로 농업의 6차 산업화, 스마트 팜 등 많은 정책을 추진하였다.

2

\

쌀 가격 안정과 관세화

2016년 쌀 수확기가 되었다. 쌀 생산은 420만 톤 수준이었으나 가격은 크게 하락하였다. 80kg당 가격이 13만 3,436원으로 전년 동기의 가격(15만 9,196원)에 비해서 16% 이상 낮은 수준이었다. 역대 가장 큰 폭의 가격 하락이었다. 쌀 재배 농업인의 아우성이 커졌고 농촌 사회의 불안감이 고조되었다. 쌀 재고가 과잉되어 쌀값 하락을 부추겼다. 국회의 질책도 높아졌다. 해마다 되풀이되어 온 쌀 수급과 가격 문제였으나 특단의 대책이 필요한 상황이었다.

시급히 쌀 대책 비상 TF를 구성하였다. 관계 부처와 협의하여 긴급하게 매입량을 증대하여 가격을 안정시켰다. 하지만 이번에 쌀 매입을 더 해주는 것이 능사가 아니었다. 쌀산업 전반을 재검토하여 근본 대책을 만들기로 했다. 전문가 검토와 이해 관계자들의 협의를 거쳐 쌀 대책 마련에 착수했다. 그렇게 해서 여러 차례 협의와 현장 점검을 거쳐 각계의 의견을 종합적으로 반영한 '쌀산업 발전 종합대책'을 마련하였다. 경제장관회의(2017.1.18.)와 국정 현안 관계 장관회의(2017.2.9)를 거쳐 쌀 산업 발전 대책을 발표하였다. 완벽하지는 않았으나 당면 현안을 해결하고 중장기적으로 쌀 산업이 경쟁력을 가지도록 하였다.

본격적인 쌀 해외원조 시작

줄어드는 쌀 소비 문제를 해결하기 위한 탈출구를 찾기로 했다. 국내 소비로는 한계가 있다고 판단했다. 그렇게 해서 해외수출과 해외원조를 추진하였다. 그간 추진해 온 아시아+3 비상쌀비축제APTER를 통해 우리 쌀의 해외원조를 시작했다. 2017년 5월 19일 미얀마 등에 750톤을 보내기로 한 것을 시작으로 해외원조를 본격적으로 시작했다. 특히 우리 농정 사상 처음으로 식량원조협약FAC을 통한 해외원조를 추진했다.

식량원조협약FAC을 통한 본격적인 쌀 해외원조를 실시한 것은 쌀 재고를 감소시키고 우리나라의 국제적 위상을 높이는 데 큰 도움이 되었다. FAC 가입을 통한 쌀 해외지원은 그동안 정부가 심도 있게 검토하지 못했던 과제였다. 예산 확보 등 국내 여건이 좋지 않았고, 국제적인 여건도 불투명했기 때문이다. 계기가 마련된 것은 국회 농림해양위원회에서였다. 당시 국민의 당 전남 고흥, 보성, 장흥, 강진군 출신의 황주홍 의원이 FAC 가입을 통한 쌀 처분 방안을 제시했다.

국회의원의 발언이 있었지만 현실적으로는 긍정적인 검토를 하기 어려운 처지였다. 그러나 나는 이 방안이 매우 실효성 있는 대책으로 여겨져서 적극적으로 추진하였다. 황주홍 의원은 강진군수를 오래 해서 현장 업무에 밝고, 대학교수를 지낸 이론가이며, 국제정세에도 탁월한 감각을 가진 분이다. 나는 황주홍 의원의 정책 제시가 매우 유용하고, 검토해 볼 만한 가치가 충분히 있다고 생각했다. 예산 문제는 기획재정부와 적극 협의하도록 하고 국제농업국으로 하여금 해외 국제기구와 미국 등 이해 관계국과 신속히 협의토록 하였다.

다소 진통이 있었으나 2017년 3월, 연내에 식량원조협약에 가입하기로 대외 경제 장관 회의에서 결정하였다. 그렇게 해서 연간 5만 톤 정도의 쌀을 해외에 원조하게 되었다. 결과적으로 우리나라의 국격을 높이고 국내 쌀시장의 가격 안정은 물론이고 수급 안정에도 크게 도움이 된 결정이었다.

당시 농업협상과의 김경미 과장이 열정적으로 일한 것이 지금도 기억에 남는다. 공직자의 귀감으로 삼을 만한 인재였다. 식량정책과 전한영 과장도 많은 고생을 하였다. 당시 기획재정부 담당 국장으로 예산 확보에 많은 협조를 해준 이정도 국장(현 청와대 총무수석)에게도 다시 한 번 감사드린다.

예외 없는 관세화

쌀 관세화가 박근혜 정부의 큰 농정 과제로 대두되었다. 2004년부터 10년 간 더 유예해 온 쌀 관세화 문제였다. 이제 더 이상 미룰 수 없는 과제였다. UR 협상 결과 '예외 없는 관세화' 원칙이 채택되었고, 우리는 그동안 두 차례(1차:1995~2004, 2차:2005~2014) 관세화를 미루어 왔다. UR 협상이 타결된 1995년부터 계산하면 20년을 유예해 온 것이었다. 또 유예하기에는 너무나 부담이 컸다.

1995년 5만 1천 톤이었던 수입쌀이 2014년에는 40만 9천 톤으로 늘어나 우리나라 쌀 산업에 너무나 큰 부담을 주고 있었다. 관세화를 유예하는 대신 매년 40만 톤 정도의 쌀을 수입한 것이다. 연간 국내 쌀 생산량이 400만 톤 수준이니 전체 국내 생산량의 10% 정도에 달하는 외국 쌀을 수입하는 상황이었다. 이런 상황이 더 이상 지속되도록 해서는 안 되는 시기가 온 것이었다.

국내 시장에 미치는 영향이 너무 크고 쌀 농가에게도 도움이 안 되는 상황이었다. 이제는 쌀을 관세화 해야 한다는 여론도 높았다. 이웃 나라 일본(2000년 11월)과 대만(2007년6월)도 훨씬 전에 관세화를 하였다.

그간 쌀 수입 상황, 국내 생산, 재고, 가격 등을 종합적으로 검토하여 쌀을 관세화 하기로 정하고, 2014년 9월 관세화 개방 계획을

WTO에 제출하였다. 그렇게 해서 2015년 1월부터 관세화가 시행되었다. 당시 쌀 관세화를 하기로 결정하고 이를 추진한 이동필 장관의 고민이 컸다. 정책을 추진하기로 결정하는 것으로 끝이 아니었다. 관세율을 513%로 하기로 했으나 이해 당사국의 검증이 끝나지 않았다.

미국과 중국, 호주, 태국, 베트남 등 쌀 수출국들이 우리의 관세화 산정 방식에 이의를 제기했다. 513%라는 높은 관세를 매겼으나 WTO에서 공식적으로 합의된 것은 아니었다. 낮은 관세로 개방하면 외국 쌀이 많이 들어올 것이다. 수입쌀이 너무 많이 들어오면 국내 쌀시장이 타격을 입고 쌀 재배 농민과 농촌 경제가 어려워진다. 새로운 위기가 시작될 수 있다. 이해 당사국의 동향을 예의 주시하고 협상력을 길러 관세율과 TRQ 운영 방식에 이의를 제기하지 않도록 하는 것이 중요하다.

3

세월호 사고와 백남기 농민 사건

2014년 4월 16일, 온 국민이 안타깝게 지켜본 세월호 사고가 일어났다. 국가적 위기였고, 그 후유증은 지금도 계속되고 있다. 단순한 해상 안전사고가 큰 정치적 위기로 확대되었고, 그 위기는 지금도 지속되고 있다. 해상 안전수칙을 이행하지 않아서 일어난 사고가 국가적 위기를 몰고 온 것이다. 총체적 안전 불감증이 한꺼번에 터져서 일어난 사고이기도 했다.

세월호가 침몰하던 날 나는 한국농수산식품유통공사aT 사장으로 산하 유통교육원을 방문 중이었다. 세월호가 침몰하는 장면을 TV를 통해 안타깝게 지켜보면서 현장 상황이 걱정되었다. 직접 현장을 가보기로 마음을 먹고 며칠 뒤 진도군청을 찾았다. 진도군청 농산과장으로 근무하는 정구조 과장을 통해서 방문 일정을 잡았다. 정구조 과장은 나와 중앙대학교 대학원에서 공부를 같이 한 분이다. 낮에는 진도군청에서 성실히 근무하고 밤에는 서울로 와서 공부하는 그야말로 주경야독하는 공무원이었다.

체계적인 재난 수습 이루어지지 않은 팽목항

정구조 과장은 사고가 난 이후 체육관을 담당하면서 유가족, 자원봉사자, 언론 등을 총괄 지원하는 업무를 맡고 있었다. 현장에 가보니 수많은 유가족, 자원봉사자, 언론 관계자들이 모여들어서 체육관은 북새통이었다. 체계적으로 일을 처리하기 어려운 상황이었다. 정구조 과장의 설명을 들으니 그런 느낌이 더 강하게 들었다. 총괄적인 지휘체계가 제대로 가동되지 않고 있었다.

사고수습 대책의 집행은 진도군청에서 하는데 중앙 부처에서 내려온 사람들은 현장에 맞지 않는 지시만 내렸다. 현장 종사자들은 높은 사람들이 '공자님 말씀 같은 소리'만 한다고 불평이었다. 현실적인 대응도 되지 않고 있었다. 일일이 밝히기 어려운 애로사항이 많았다. 현장에 내려온 고위 당국자들은 자기 이미지 관리만 하고 있다는 불만이 여기저기서 들려왔다. 파견된 공무원과 자원봉사자들도 효율적으로 움직이지 못하고 있었다. 전국 각처에서 도래한 위문품도 제대로 관리되지 않는다고 했다.

유가족 일부가 파도가 몰아치는 팽목항 바다 근처에 설치한 임시

텐트에 머물고 있었다. 파도가 더 세지면 위험한 상황이었다. 현장에 나와 있는 경찰관에게 호소해도 아무 소용이 없었다. 밀려오는 파도에 자칫하면 유가족이 머무르는 텐트가 휩쓸려갈 수 있는 상황이었다. 이곳저곳으로 뛰어다니며 정구조 과장 혼자서 응급조치를 하고 있다고 했다. 비상시에 대비한 교육과 훈련이 전혀 되어 있지 않았다고 했다. 정구조 과장은 세월호 사태를 마무리 지은 후 불의의 사고로 사망하였다. 당시 현장 상황과 정구조 과장의 애쓴 일을 생각하면 안타까운 마음을 금할 수가 없다.

세월호 사태 이후 우리는 국가 전반에 걸쳐 혁신이 이루어졌다. 해양경찰청을 해체하는 등 대대적인 정부조직과 기능을 개편하였고 인적 청산도 이루어졌다. 장관을 경질하고 실무자를 문책하였다. 사고 관련자들이 지금까지 사법적 심판을 받고 있다. 아직도 크고 작은 사고가 육지와 바다에서 일어난다. 그리고 앞으로도 유사한 사고는 또 일어날 수 있다. 여전히 대응책 마련이 미흡하다고 여겨진다. 위기는 또 다시 반복될 것 같다는 불안감을 지울 수가 없다.

장관 내정자 신분으로 백남기 농민 비공개 문병

백남기 농민의 사망과 처리 과정을 보면서 안타까운 마음이 너무 컸다. 위기가 발생하였으나 이에 제대로 대응하지 못했다. 전남 보성의 백남기 농민이 2015년 11월 서울 도심에서 열린 반정부 집회에 참가했다가 부상을 당했다. 반정부 투쟁과 함께 쌀 수매가 인상 요구도 있었다. 경찰이 쏜 물대포에 맞아 서울대병원에서 뇌수술을 받았으나 의식을 회복하지 못했다. 그는 1년간 병원에서 혼수상태로 있다가 2016년 9월 결국 사망하였다.

정부가 당시 시위를 불법시위로 규정하면서 상황이 복잡해졌다. 시위대의 처리를 놓고 야당과 대치하기도 하였다. 농민과 시민단체들이 대규모로 참여하면서 사회적으로 큰 혼란을 가져왔다. 내가 장관으로 취임하기 직전이었다. 백남기 농민에 대한 정부 차원의 공식 문병이 이루어지지 않았는데, 그 문제를 놓고도 많은 비난이 쏟아졌다. 시민단체들은 사람이 죽어가는데 문병도 안 가느냐고 정부를 비난했다.

장관으로 취임 하루 전인 2016년 9월 5일 김성훈 전 농림부 장관으로부터 전화가 걸려왔다. 취임하기 전에 반드시 백남기 농민을 방문하는 게 좋겠다는 의견이셨다. 위로금도 어느 정도 챙겨가라고 하셨다. 정부 방침은 불법시위 도중 일어난 일이니 공식대응은 하지 않는다는 것이었다.

김성훈 장관의 전화를 받고 나서 이런 저런 고민이 되었다. 그러나 가는 게 좋겠다는 생각이 들었고, 병문안을 가기로 결정했다. 관련 기관에 알리면 못 가게 할 것 같아 아무에게도 알리지 않고 가기로 했다. 수행원 한 명만 데리고 서울대병원으로 갔다. 김재원 당시 청와대 정무수석에게만 살짝 귀띔했다. 모든 책임은 내가 질 것이니 아무에게도 알리지 말라고 했다. 저녁 늦게 병원에 도착하니 주변이 조용하였다. 공사 중인 현장 인부들만 오가고 있었다. 병원 주변에서 텐트를 치고 시위하던 사람들이 보이지 않았다. 저녁을 먹는지 잠잠하였다.

서울대병원 입구에서 농림부 장관 내정자라고 신분을 밝히고 안내를 받아 문병을 하였다. 환자는 이미 의식이 거의 없었다. 안타까운 마음으로 지켜보다가 병실에 앉아 기도를 하였다. '고통 없는 하늘나라에서 고이 잘 사시기를 바란다.'고 기도했다.

백남기 농민이 사망하고 나서 당시 시민단체에서는 '박근혜 정부는 사람이 죽었는데도 문상 가는 사람도 한 명 없느냐.'고 비난했다. 공식적으로 문상을 간 사람은 없으나 나는 농림부 장관 내정자 신분으로 취임하기 전에 비공식적으로 병문안을 다녀왔다. 이제야 밝히는 이야기이다.

4

가축질병 종합대책과 청탁금지법 시행

장관 재임 중 주요 당면 과제 가운데 하나는 조류 인플루엔자AI와 구제역 등 가축질병을 조기에 종식하는 것이었다. 당시 AI와 구제역은 과거와 형태가 달라 방역에 애로가 많았다. 과거 AI는 H5N8 유형이 대부분이었으나 2016년도에 발생한 AI는 H5N6 형태의 질병이었다. 또 과거에는 주로 닭에서 AI가 발생하였으나 2016년에는 오리에서 주로 발생하였고, 그 전파 속도도 매우 빨랐다.

가축질병은 거의 전국적으로 확산되어 심각한 상황이 되었다. 대책 상황실을 설치하고 비상근무를 하는 등 눈코 뜰 새 없이 바빴다. AI 발생 상황이 관심, 주의, 경계 단계를 넘어 심각 단계가 되었다. 중앙 재난안전대책본부를 설치하고 방역에 총력을 기울인 결과 이듬해 4월 AI는 겨우 종식되었다. AI가 발생하여 방역을 하는 기간에 구제역도 동시에 발병되어 가축질병 수습하느라 엄청 어려움을 겪은 시기였다. 대통령 탄핵 정국 와중에서도 나는 가축질병을 근본적으로 방지하기 위한 종합적인 대책을 수립하기 위해 머리를 싸맸다.

부정청탁금지법이 처음으로 시행되어 많은 우려가 있었다. 현실적으로 우리가 지킬 수 없는 과도한 법이라며 반대가 많았다. 농식품 분야의 피해가 가장 우려되었다. 실제로 과일과 채소, 소고기와 돼지고기 등 육류 소비가 위축되었다. 추석이 다가오는데 농축산물 소비가 줄어들었다고 아우성이었다. 청탁금지법의 적용 대상에서 농산물을 제외해 달라고 수차 요청했으나 관철되지 않았다.

농업 분야의 우려가 현실로 다가왔다. 과일과 축산물의 판매가 현저히 줄어들었다. 경기 침체도 한몫했다. 과일과 축산물의 판매 증대와 소비 촉진을 위한 다양한 행사를 추진했다. 정부의 적극적인 노력으로 어느 정도 피해를 줄여 나갈 수 있었다.

꽃 소비 촉진 캠페인

꽃도 큰 문제였다. 우리나라 꽃 소비는 경조사용이 대부분이다. 꽃 소비가 크게 늘지 않고 있는데 김영란법 시행으로 엎친 데 덮친 격이 되었다. 꽃 소비가 너무 줄어들자 피해를 최소화하기 위한 특별 대책을 만들었다. 단순히 꽃 소비를 더 많이 해달라거나 청탁금지법 대상에서 예외로 해달라는 요구로는 부족했다. 생각을 바꾸어야 했다. 꽃

―――― 김재수 장관이 2017년 4월 정부 세종청사에서 AI, 구제역 방역대책을 브리핑하고 있다.

소비가 안 되는 것은 경조사용 화환에만 매달렸기 때문이다.

꽃 소비를 생활화하기 위한 특별대책을 추진하기로 했다. 생활용 꽃 소비를 늘리기 위한 캠페인을 시작했다. 식탁마다 꽃을 올리자. 그렇게 해서 '1 Table 1 Flower' 캠페인이 추진되었다.

국회 본관에서 국회의장이 참여하는 꽃 소비 촉진 운동도 펼쳤다. 다양한 소비 촉진 행사로 김영란법 피해를 어느 정도 극복하게 되었다. 담당 과장인 정혜련 과장의 노고에 다시 한 번 감사를 드리고 싶다. 사무관으로 농림부로 발령을 받았으나 외교부로 전출하였던 정혜련 과장을 농림부에 도로 데려오느라 많은 애를 먹었다.

Chapter 08

황교안
대통령 권한대행

1

황교안 총리와의 첫 만남

2016년 8월 초 어느 날, 내 스마트폰에 낯선 문자가 들어왔다. '시간 나실 때 전화 부탁드립니다, 황교안 총리 드림' 이라는 문자였다. 박근혜 정부 마지막 개각 작업이 진행 중이었고, 개각 예정자 명단이 언론에 오르내릴 때였다. 개각 대상 부처가 7~8개 부처라고 하였으나 최종적으로는 농림축산식품부, 문화체육관광부, 환경부의 3개 부처로 좁혀졌다.

황 총리의 문자를 보자마자 직감적으로 개각 관련 사항일거라고 생각하고 전화를 걸었다. "축하드립니다. 농림축산식품부를 맡게 되었으니 열심히 잘해 주십시오."라고 했다. "감사합니다. 지금까지 경험을 토대로 열심히 잘하겠습니다."라는 답변을 드렸다. 그것이 나와 황교안 총리와의 첫 대화였다.

바로 전화를 걸거나 휴대전화 문자로 통화하고 싶다고 간단하게 알려주면 될 터인데 시간 날 때 통화 부탁한다고 하고 '황교안 드림'이라는 정중한 표현을 사용한 것이 인상 깊었다. 비서를 시켜서 연결한 후 통화할 수도 있었을 것이다. 그 문자를 보면서 '황 총리가 예사분이 아니구나.' 하는 생각이 직감적으로 들었다.

직접 문자를 보내고 '시간 나실 때 전화 부탁드린다.'고 한 황교안 총리의 행동에서 여러 면이 읽혀졌다. 전화기로 드려오는 황 총리의 목소리는 묵직하고 권위가 있었다. 매우 다정하고 따뜻하다는 느낌도 동시에 들었다. 황교안 총리와의 첫 접촉은 이렇게 이루어졌다.

부처의 장관은 소속 부처의 주요한 현안이 있으면 대통령에게 보고하기 전에 총리에게 미리 사전 보고를 한다. 가끔 차관이 보고를 대신하기도 한다. 내가 농림축산식품부 장관 재임 때는 AI와 구제역, 쌀, 청탁금지법 피해 등 농업 분야 현안이 많아 수시로 국무총리께 보고를 했다.

가축질병 상황이나 대책은 대부분 무거운 내용이었다. 보고 내용이 무겁다 보니 분위기가 딱딱하고 보고자도 긴장이 되었다. 황교안 총리는 묵묵히 경청하면서 보고 내용에 대해 이것저것 물어보았다. 알고 있는 내용을 확인하는 경우도 있고, 궁금한 사항을 질문하기도 한다. 제대로 답변하지 못한 경우도 있었다. 그러나 실망하거나 질책하는 일 없이 상대방에 대한 따뜻한 배려와 격려를 해주는 편이었다.

상대의 마음을 매우 편하게 해주는 분이다. 나는 당시 접촉을 통해 알게 된 황교안 총리의 깊은 내공을 높이 평가한다.

탄핵 정국이 지속되는 2017년도 새해 초반이었다. 부처별 새해 업무보고를 하게 되었다. 몇 개 부처를 모아 합동으로 황교안 대통령 권한대행에게 업무보고를 하였다. 긴장이 되었고 분위기는 딱딱했다. 농림축산 분야 보고를 마치고 김영석 해양수산부 장관이 보고하던 중이다. 갑자기 김영석 장관의 음성이 이상해지면서 다소 쉰 목소리로 목이 잠기었다. 황교안 대통령 권한대행은 즉시 '잠시 쉬면서 물 좀 마시고 합시다.'라고 하였다. 보고하는 장관이나 배석자들 모두 '배려가 많은 분'이라는 생각을 했다.

탄핵 정국, 위기의 현장에서

황교안 총리는 박근혜 대통령에 대한 탄핵소추안이 국회에서 가결된 2016년 12월 9일부터 2017년 5월 11일 사임하기까지 5개월간 대통령 권한대행 직무를 하였다. 대통령 권한대행은 대통령 궐위라는 비상상황에 대처하는 헌법에서 부여된 직위이다. 나는 장관으로 재임하면서 황교안 총리의 국정 대응 능력을 비교적 소상히 살펴볼 수 있었다.

박근혜 정부에서 나는 한국농수산식품유통공사aT 사장을 오래 하였지만 황교안 장관이나 황교안 국무총리와 직접 접촉한 적은 없었다. 탄핵 과정을 지나면서 황교안 총리와 대통령 권한대행으로서 그의 업무능력을 지켜보았다. 우선 역대 총리와 비교해서 매우 젊은 총리였다. 과거의 대독 총리, 의전 총리와는 현격하게 달랐다.

내가 관장하는 농림축산 부문의 주요 현안을 해결하면서 젊은 총리로서 훌륭한 능력을 가졌다고 생각했다. 국무위원으로 당면한 주요 국정 현안을 다루는 황교안 총리의 국정 이해도, 상황 인식, 대응능력을 나름대로 살펴볼 수 있었다. 국정 전반에 대한 이해가 매우 빠른 분이었다. 농림 분야뿐만 아니라 타 분야에 대한 대응능력도 매우 탁월하다는 인상을 받았다.

안정적인 위기관리 돋보여

탄핵 정국이라는 일종의 국가 위기 사태에 들어선 비상 정부였다. 하지만 정부가 앞장서서 위기라고 말하기도 어려운 일이었다. 국민이 불안해하기 때문에 정부가 나서서 공개적으로 위기를 강조하지 않았다. 위기 정부를 안정적으로 이끄는 것이 무엇보다도 중요한 국정과제였다. 황교안 대통령 권한대행이 위기를 안정적으로 관리하면서 차질 없이 국정을 수행한 것은 큰 업적으로 평가받을 만하다. 그는 대통령 권한대행으로서 국정에 적극 협조해 달라는 대 국민 성명

— 2017년 2월 정부 서울청사에서 열린 규제개혁 국민토론회에 참석한 황교안 대통령 권한 대행과 김재수 장관.

을 시작으로 국정 전반에 걸친 신속한 제반 조치를 취해 나갔다.

그의 저서에서도 나타나듯이 가장 먼저 한민구 국방장관으로 하여금 북한의 대남 도발에 대비하여 전군에 비상경계령을 내리도록 했다. 만에 하나 도발이 있으면 바로 응징하고 즉각 대응하도록 지시했다. 윤병세 외교장관으로 하여금 외교관계를 맺은 여러 나라들에 우리 정세를 설명하고 외교관계에 차질이 없도록 조치했다. '대한민국은 안정된 시스템을 갖추고 있기 때문에 흔들림 없이 국정이 운영될 것'이라는 점을 강조했다.

기획재정부, 금융위원회, 행정자치부 등 주요 부처들의 업무를 차질 없이 추진하여 국정운영에 공백이 없도록 하였다. 적어도 내가 겪은 황교안이란 인물은 탄핵 기간이라는 비상 정국에서 국정을 원활하게 잘 운영한 대통령 권한대행이었다. 업무를 신속히 파악하고 비상시를 대비하며 국정을 차질 없이 잘 이끌었다. 위기를 극복하고 혼란을 안정시키며 안정적으로 국정을 운영한 점에 나는 후한 점수를 주고 싶다.

탄핵안이 가결되기 전에 황교안 총리는 이미 박근혜 대통령에게 사의를 표명했다. 후임으로 김병준 국민대 명예교수가 내정된 상태였다, 유일호 경제부총리도 사의를 표명하여 임종룡 금융위원장이 내정된 상태였다. 하지만 이들 내정자들은 국회청문회 등 공식적인 절차를 거치지 못하였고 공식적으로 취임하지도 못했다.

황교안 대통령 권한대행도 하루하루가 매우 힘들었을 것이다. 자신을 법무부 장관으로, 총리로 임명해 준 임명권자가 탄핵되었다. 안타깝고 충격을 감당하기 어려웠을 것이다. 그는 저서 『황교안의 답』에서도 공직생활 중 탄핵 과정이 가장 힘들었다고 밝히고 있다. 내가 보아도 힘들고 어려운 시기였고, 나라 전체가 비정상적인 국면에 놓여 있었다. 취약한 국내 상황을 이용하려는 다른 나라의 직간접적인 위협도 있었다.

탄핵 위기의 현장에서 살펴 본 황교안 대통령 권한대행의 처신은 매우 조심스러워 보였다. 일거수일투족이 언론의 관심사로 부각되는 시기였다. 정치적 시각으로 황교안 권한대행의 행위를 비난하는 사람들도 있었다. 탄핵을 기다렸다는 듯이 권한행사를 하고 있다고 비난하거나 '과잉 의전'을 한다고 비판하는 사람들도 있었다. 대통령 권한대행은 말이 권한대행이지 대통령에 준하는 의전이 수행된다는 사실을 무시한 비판이었다. 국무총리 시절과는 모든 의전이 다를 수밖에 없다.

탄핵된 대통령과 권한대행의 관계는 복잡하고 미묘하다. 고건 전 총리도 탄핵 당시 노무현 대통령과의 관계를 긴장, 견제 등의 용어로 설명한 적이 있다. 탄핵이 최종적으로 받아들여질 수도 있고, 그렇지 않을 수도 있다. 탄핵 기각의 믿음이 워낙 센 과거의 사례와는 달리 탄핵될 것이라는 소리가 높았던 상황이다.

탄핵이 되지 않더라도 어차피 대통령 임기가 얼마 남지 않은 상황이었다. 권한대행으로서의 처신에 많은 애로가 있었을 것이다. '2인자의 몸조심'이라는 말이 있다. 박정희 대통령과 김종필 총리, 김영삼 대통령과 이회창 총리, 노무현 대통령과 고건 총리, 김대중 대통령과 이한동 총리의 관계를 보면 양자의 관계 설정이 대단히 민감한 사안임을 알 수 있다.

2

조류 인플루엔자와 구제역 비상사태

2016년 연말부터 2017년 초 사이에 조류 인플루엔자AI와 구제역이 동시에 발생하여 큰 국가적 현안이 되었다. 농림축산식품부에서 나름대로 열심히 대처하였으나 사태가 점점 심각해졌다. 당시 발생한 가축질병은 과거와 형태가 달랐다. 과거 AI는 H5N8 유형의 질병이었으나 2016년도에 발생한 AI는 H5N6 형태의 새로운 질병이었다. 또 과거 주로 닭에서 AI가 발생하였으나 2016년에는 오리에서 주로 발생하였다.

발생 유형도 달랐고 전파속도가 빨라 신속한 대응을 하기가 어려웠다. 오리는 숫자가 많고 사육 환경도 열악하며 위생적 관리를 제대로 하기 어렵다. 정부가 늑장 대응하여 엄청난 조류를 죽였고 사태를 키웠다는 비난도 받았다. 일본에서도 AI가 발생하였으나 총리가 신속히 잘 대응하였는데 우리는 늑장 대응을 하였다고 비판받았다.

가축질병 방지 매뉴얼에 의하면 질병 발생 상황별로 대응조치가 다르다. 관심, 주의. 경계, 심각 등 질병 상황과 단계별로 대응방안이 다르다. AI가 전국적으로 확산되어 심각한 상황이 되자 행전안전부가 중심이 된 중앙 재난안전 대책본부가 구성되었다. 황교안 총리는 신속하게 긴급대책반을 만들고 제반 조치를 하였다.

일일 상황 점검회의

황교안 총리는 먼저 '일일 상황 점검회의'라는 특별회의를 개최토록 하였다. 회의는 매일 아침 8시 반 비상 대책상황실에서 열렸다. 총리가 직접 회의를 주재하며 질병 상황을 점검하자 관계 부처 장관이나 차관 등 고위급이 참석하였고 부처 간 협조도 활성화 되었다. 법령 집행에 소극적이던 지방자치단체도 신속한 집행을 하게 되었다.

농림축산식품부를 비롯한 행정안전부, 국민안전처, 국방부, 환경부, 경찰청, 질병관리본부 등 유관 부처의 유기적인 협조가 잘 이루어졌다. 전국의 도지사, 시장 군수와 방역 책임자가 동시에 참여하는 이러한 대응방식은 매우 효과적이었다. 질병 발생상황, 방역상황, 협조방안과 해결책이 한꺼번에 다루어지므로 질병 발생건수가 현저하게 줄어들었다.

총리로서 일일 상황 점검회의를 주재하다가 어느 날 대통령 권한대행으로서 회의를 주재하니 훨씬 힘도 실렸다. 황교안 대통령 권한대행의 업무장악력은 가축질병을 신속히 퇴치하는 데 많은 도움이 되었다. 전국을 힘들게 하였던 가축질병은 이러한 과정을 거쳐 종식되었다.

황교안 총리는 과거 메르스 발생 사태를 극복한 경험을 토대로 이런 방식을 생각해냈다고 했다. 자료를 준비하는 실무자들의 고충도 많았으나 대통령 권한대행 주도로 관계 부처가 종합적으로 참여하는 비상 대응방안은 매우 유익하였다. 일일 상황 점검회의는 거의 매일 개최되었으며, 황교안 권한대행이 자리에 없을 때는 내가 직접 주재하였다. 이러한 방식의 위기대응 모델은 지금도 잘 활용되고 있다.

황교안 대표는 저서 『황교안의 답』에서 이러한 상황을 다음과 같이 기술하고 있다. "메르스를 극복한 경험이 AI 대처에도 큰 도움이 되었습니다. 저는 컨트롤 타워로서 매일 아침 8시 30분부터 화상 회의를 열어 전국 상황을 점검했습니다. 당시 회의 참석자들이 다음 날까지 처리하겠다는 답을 내놓으면 '오늘까지는 안 되겠습니까?' 하며 독려했습니다. 그리고 농림축산식품부의 대책 방향을 검증하기 위해 민간 방역 전문가의 의견을 묻는 회의도 열었고요. AI가 진정된 후에는 개선이 필요한 사항을 모아 AI 대응 매뉴얼을 만들어 대응방법을 상세히 기록해 두기도 했습니다."

전문가들과의 토론을 보며

AI가 조기에 종식되지 않자 황교안 총리는 어느 날 가축질병 관련 전문가들과 간담회를 하자고 했다. 가축질병 전공 교수, 방역 전문가, 수의사, 현장 관계자들을 중심으로 간담회를 가졌다. 총리의 핵심 관심사항을 미리 알고 질의답변을 대비하고자 했으나 총리께서 직접 질문을 작성하기 때문에 총리실 관계자도 모른다고 하였다.

간담회가 시작되고 여러 가지 질의답변이 오갔다. 황 총리는 아주 전문적인 질문을 하였다. 장관인 나는 물론 배석한 실무자들도 바로 답하기 어려웠다. 지금까지 발생한 것과 다른 유형의 질병이기는 하다. 쉽게 답하기 어려운 내용이 많았고, 그러다 보니 원론적인 답변 밖에 하지 못했다.

총리의 질문은 구체적이고 전문적이었다. '황 총리가 언제 저렇게 가축질병 전문가가 되었느냐?', '사전에 특별지도를 받았나?' 이런 말을 주고받으며 우리 일행은 여러 가지로 놀랐다.

질문 내용이 매우 전문적이었다. 수십 년 검사생활을 했으니 수사조서를 작성하듯이 입체적으로 문제를 접근하는구나 하는 생각이 들기도 했다. 우리가 가축질병을 대처하는 방식은 너무 과거 관행대로 따르는 면이 없지 않았다. 익숙한 과거 관행대로 가축질병을 대처해 왔다는 자괴감이 들었다. 새롭게 원점부터 다시 시작할 필요가

—— 김재수 장관이 2017년 1월 농민들을 위해 설 선물세트를 선보인 국무회의에서 황교안 대통령 권한대행과 함께 다과를 들고 있다.

있었다.

그렇게 해서 가축질병을 새로운 관점에서 다시 보기 시작했다. 질병 연구, 방역, 조직, 인력, 예산 등 모든 과제를 전면적으로 재검토하였다. 그렇게 노력한 끝에 새로운 방식으로 접근한 종합적인 가축질병 방지대책이 수립되었다. 그로부터 몇 달 후 문재인 정부가 들어섰고, 그간 준비해 온 가축질병 방지 종합대책이 발표되었다.

조류 인플루엔자나 구제역, 탄핵과 관련하여 국회의원들의 질의에 대한 황교안 총리의 답변을 관심을 가지고 지켜보았다. 충실한 내용으로 답변에 군더더기가 없었다. 답변 자세도 차분하고 침착하였다. 거기다 목소리도 좋아 나무랄 데가 없을 정도였다. 하지만 억지 주장을 펴는 사람에 대해서나 잘못된 내용을 가지고 하는 질의에 대해서는 한발도 물러서지 않았다.

조류 인플루엔자 발생에 대응이 늦었다고 질책하는 의원들의 질문에 대해 황 총리는 시간대별로 조치 사항을 열거하며 차질 없이 조치하였다고 답변하였다. 40년 공직 경험을 가진 나도 국회의원들 앞에 서면 제대로 답변하기 어려울 때가 많았다. 하지만 황교안 총리는 중진의원들의 예리한 질문이나 초선의원들의 세련되지 못한 거친 질문에도 답변에 막힘이 없었다.

탄핵 정국 국회에서 확인되지 않은 시중 소문을 근거로 총리에게 거칠게 질문하는 장면들이 있었다. 삿대질하던 국회의원을 차분히 쳐다보면서 침착하고 당당하게 답변하는 황교안 총리의 모습이 지금도 기억에 생생하다. 2017년 5월 11일 문재인 대통령이 당선되자 그다음 날 황교안 총리는 총리직을 사임하고 공직생활을 마감했다.

김재수의 농정農政 40년

위기에서 길을 찾다

초판 1쇄 인쇄 | 2019년 10월 10일
초판 1쇄 발행 | 2019년 10월 22일

지은이 | 김재수
펴낸이 | 이기동
편집주간 | 권기숙
편집기획 | 이민영
마케팅 팀장 | 유민호
디자인 | 박성진
교열 | 이민정
인쇄 | 상지사 P&B

주소 | 서울특별시 성동구 아차산로 7길 15-1 효정빌딩 4층
이메일 | previewbooks@naver.com
블로그 | http://blog.naver.com/previewbooks
전화 | 02)3409-4210
팩스 | 02)463-8554, 02)3409-4201
등록번호 | 제206-93-29887호

ISBN 978-89-97201-49-5 03320

잘못된 책은 구입하신 서점에서 바꿔드립니다.
책값은 뒤표지에 있습니다.